第2版

これ1冊で ぜんぶわかる！

労働時間制度と36協定

弁護士 神内伸浩 著

労務行政

第2版　はしがき

　2020年、世界は新型コロナウイルスの感染拡大により一変しました。新しい生活様式を余儀なくされ、わが国においても緊急事態宣言が幾度も発出されています。業種によってはテレワーク導入のきっかけとなり、WEB会議や各種手続き等のオンライン化が加速していきました。こうして私たちの生活や働き方は変化していったわけですが、そう考えると「働き方改革」の一番の立役者は「新型コロナウイルス」と言っても過言ではないのかもしれません。

　さらに、政府が推し進める行政のデジタル化（脱はんこ）の動きも相まって、その結果、2019年4月の労基法改正からわずか3年で36協定の様式もさらに変更されることとなりました。

　本書は2019年4月の労基法改正を踏まえて執筆したものですが、36協定届の様式変更ならびに電子申請の流れを受けて、この度、編集部の荻野敏成氏から第2版のお声がけをいただき、2021年4月に行われた変更点を網羅して加除修正しました。本書に再び日の目を見る機会を与えてくださった同氏と、本書を手に取っていただいたすべての方に、厚く御礼を申し上げます。

　2021年5月

弁護士　神内 伸浩

初版　はしがき

　2019年4月に労働基準法ほか労働関係法規においてさまざまな改正が行われました。いわゆる「働き方改革」の一環ですが、中でも時間外労働の上限規制が法律によって定められたことは、非常に大きな意義があると思います。

　思えば、日本の高度経済成長期を支えてきたのは、勤勉な「労働者層」でした。会社のために寸暇を惜しんで働いてきた「先人たち」がいたからこそ、日本は瞬く間に世界有数の経済大国にまで発展したのでしょう。

　しかし、良くも悪くも時代は変わりました。今まで美徳とされてきた「長時間労働」や自己犠牲の上に成り立つ「愛社精神」は完全に「過去の遺物」となり、働く人たちの意識も「会社のために」から「自分ないし家族のために」へと変わってきたのではないかと感じています。「出世したくない」という話を聞くことも珍しくありません。時代の遷移とともに価値観の多様化が世に浸透してきたことの表れではないでしょうか。

　時代が変われば法律も変わります。難解な法律を理解する上で、本書がその一助となれば大変幸甚です。

　なお、本書を執筆するに当たり、社会保険労務士 長﨑明子氏に取材をお受けいただき、多大なるご協力をいただきました。また、本書がこうして世に出る運びとなったのは、多忙を理由に何度も締め切りを徒過する筆者にめげず、本書の企画段階から初校まで不屈の精神でご尽力いただいた編集部 深澤顕子氏、及び同氏の後を引き継いで校了まで当職のわがままに辛抱強く付き合ってくださった荻野敏成氏のお陰です。この場を借りて厚く御礼申し上げます。

　2019年9月

弁護士　神内　伸浩

目　次

序章

36協定の重要ポイント
と働き方改革関連法

1 これだけは覚えたい！36協定の重要ポイント

1 残業は本来違法！

　労働時間の原則である「1日8時間、1週40時間」を超える労働（いわゆる「残業」）は、本来違法です（労働基準法〔以下、労基法〕32条違反）。残業を適法に行うためには、労働者側の代表と会社が法律の定めに従った協定を締結し、これを所轄の労働基準監督署長（以下、労基署長）へ届け出る必要があります。この協定に関する条文が労基法36条に規定されていることから、この協定のことを「36協定」（サブロク協定、もしくはサンロク協定）といいます。

2 時間外労働の上限規制が法制化！

　36協定を締結し、これを届け出れば何時間でも無制限に残業をさせることができるわけではありません。次のとおり、時間外労働の上限が法律で定められています（労基法36条4項）[図表1]。

　1カ月の上限… 45時間以内（1年単位の変形労働時間制は42時間）

　1年の上限……360時間以内（1年単位の変形労働時間制は320時間）

3 特別条項を締結すれば残業時間の延長が可能！

　月45時間の枠内に収まらない場合でも、特別条項付の36協定を締結しておくことで、次の時間まで残業時間を延長できます（労基法36条5項）[図表1]。ただし、この特別条項が使えるのは年6回までです。

　1カ月の上限……100時間未満（休日労働を含む）

　1年の上限………720時間以内（休日労働は含まない）

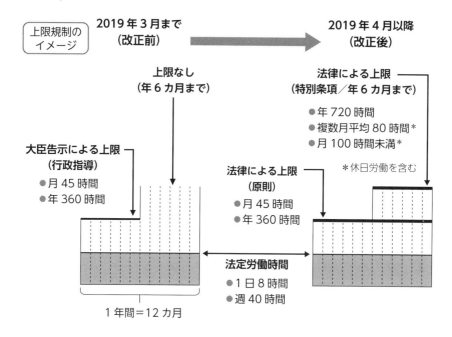

図表 1 | 時間外労働の上限規制

原則（カッコ内は 1 年単位の変形労働時間制の場合）

1 カ月	45（ 42） 時間以内
1 年	360（320） 時間以内

特別条項

1 カ月	100 時間未満
1 年	720 時間以内
回数	原則である月 45 時間を超えることができるのは年 6 回まで

資料出所：厚生労働省「時間外労働の上限規制　わかりやすい解説」を基に一部加工して作成

4 **違反すると罰則が科される！**

　また、特別条項を使用したとしても、次の範囲内に収まるようにしなければなりません（労基法 36 条 6 項 2 号、3 号）。これを超えると罰則（6 カ月以下の懲役または 30 万円以下の罰金）の適用があります（労基法 119 条 1 号）。

　時間外労働と休日労働※の合計が、1 カ月 100 時間未満かつ、2 〜 6 カ月の平均で 80 時間以内

※　**2** では休日労働はカウントされませんが、**3** **4** では休日労働を含めて時間をカウントします。

2 働き方改革関連法で何が変わったか

　2019 年 4 月の「働き方改革を推進するための関係法律の整備に関する法律」（以下、働き方改革関連法）の施行により変わることとなった制度、規制等は大小さまざまありますが、大きな枠組みで説明すると、主に次の 2 点に集約されます。一つは過労死・過労自殺の温床となる「長時間労働の是正」、もう一つが「非正規労働者の待遇改善」です。

　2016 年 10 月、大手広告代理店企業における過労自殺事件が耳目を集め、過労死・過労自殺に関する政府の動きも加速していきました。翌年には「労働時間の適正な把握のために使用者が講ずべき措置に関するガイドライン」（平 29.1.20 策定。以下、ガイドライン）（巻末資料参照）も発出され、過労死・過労自殺の要因の一つとなっている長時間労働に対し警鐘を鳴らす形となりました。

　この流れをくんで労基法をはじめとする労働関連法規にも、長時間労働を削減し、労働者の健康面をより一層保護する制度等が盛り込まれました [図表 2]。その一つが前述した時間外労働の上限規制です。改正前にも一応「限度基準」なるものが設定されてはいたのですが、あくま

図表2｜働き方改革関連法による長時間労働削減と労働者の健康面保護の規制

長時間労働削減・労働者の健康面保護

- 時間外労働の上限規制
- 中小企業における月60時間超残業の割増賃金率引き上げ（25%→50%）
- 年5日の年次有給休暇の時季指定義務
- 労働時間の適正把握
- 産業医・産業保健機能の強化
- 勤務間インターバル制度（努力義務）

でも「基準」（大臣告示）でしかなく、「法律」ではなかったため、実効性が認められるものではありませんでした。そのため、法改正により「基準」を「法律」に格上げし、一定の場合には罰則を適用する条項まで盛り込むことで、長時間労働の削減をより実効あらしめようとしたのです。

　また、非正規労働者の待遇改善として、同一労働同一賃金の実現が掲げられ、同一企業内において、正規労働者と非正規労働者との間の基本給や賞与等、あらゆる処遇について、不合理な待遇差を設けることが禁止されました。

3 上限規制の施行時期

　上述した時間外労働の上限規制は、2019年4月1日から効力を生じています。ただし、中小企業については1年間適用が猶予されていたため、2020年4月1日からです [図表3]。

　また、36協定の有効期間が改正前後の両方にまたがる場合は、改正前の制度が適用されます。例えば、大企業において、36協定を毎年3月1日付で締結している場合には、改正法の規制に基づいた内容での締結を要するのは、2020年3月1日から2021年2月28日までの期間に始まる協定からになります [図表4]。

図表3 | 中小企業の範囲

業　　種	資本金の額または 出資の総額		常時使用する 労働者数
小売業	5,000万円以下		50人以下
サービス業	5,000万円以下	または	100人以下
卸売業	1億円以下		100人以下
その他 （製造業、建設業、運輸業、その他）	3億円以下		300人以下

資料出所：厚生労働省「時間外労働の上限規制　わかりやすい解説」

図表4 | 36協定の始期

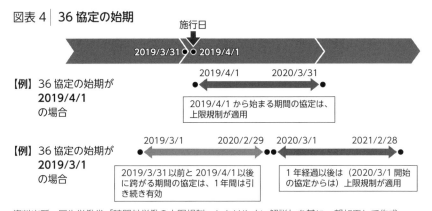

資料出所：厚生労働省「時間外労働の上限規制　わかりやすい解説」を基に一部加工して作成

4 適用猶予・除外される事業・業務

　2019年4月時点において、次の事業や業務に従事する者については、適用猶予ないし適用除外が認められています [図表5]。

1 新技術、新商品等の研究開発業務（労基法36条11項）

　適用除外とされています。ただし、医師の面接指導、代替休暇の付与

図表 5 ┃ 適用猶予・除外となる事業・業務

事業・業務	猶予期間中の取り扱い （2024 年 3 月 31 日まで）	猶予後の取り扱い （2024 年 4 月 1 日以降）
新技術、新商品等の研究開発業務	上限規制の適用が除外されています。 なお、今回の法改正によって労働安全衛生法が改正され、新技術・新商品等の研究開発業務については、1 週間当たり 40 時間を超えて労働した時間が月 100 時間を超えた労働者に対しては、医師の面接指導が罰則付きで義務づけられました。 事業者は、面接指導を行った医師の意見を勘案し、必要があるときには就業場所の変更や職務内容の変更、有給休暇の付与などの措置を講じなければなりません。	
建設事業	上限規制は適用されません。	●災害の復旧・復興の事業を除き、上限規制がすべて適用されます。 ●災害の復旧・復興の事業に関しては、時間外労働と休日労働の合計について、 ・月 100 時間未満 ・2〜6 か月平均 80 時間以内 とする規制は適用されません。
自動車運転の業務		●特別条項付き 36 協定を締結する場合の年間の時間外労働の上限が年 960 時間となります。 ●時間外労働と休日労働の合計について、 ・月 100 時間未満 ・2〜6 か月平均 80 時間以内 とする規制は適用されません。 ●時間外労働が月 45 時間を超えることができるのは年 6 回までとする規制は適用されません。
医師		具体的な上限時間は今後、省令で定めることとされています。
鹿児島県および沖縄県における砂糖製造業	時間外労働と休日労働の合計について、 ・月 100 時間未満 ・2〜6 か月平均 80 時間以内 とする規制は適用されません。	上限規制がすべて適用されます。

資料出所：厚生労働省「時間外労働の上限規制　わかりやすい解説」を基に一部加工して作成

等の健康確保措置を設ける必要があります（労働安全衛生法〔以下、安衛法〕66条の8の2）。

2 建設事業 （労基法 139 条）

　2024 年 3 月までは適用猶予とされていますが、適用後は通常の上限規制となります。ただし、災害時における復旧・復興の事業については例外が設けられており、当面の間、月 100 時間未満、2 ～ 6 カ月平均で 80 時間以内とする罰則付きの規制は適用されません。

3 自動車運転の業務 （労基法 140 条）

　2024 年 3 月までは適用猶予とされています。適用後も上限時間は当面の間、年 960 時間とされ、月 100 時間未満、2 ～ 6 カ月平均で 80 時間以内とする規制や、特別条項の適用を年 6 回までとする規制は適用されません。

4 医師 （労基法 141 条）

　2024 年 3 月までは適用猶予とされています。適用後の上限時間等については厚生労働省令で定められることになっています。

5 鹿児島県および沖縄県における砂糖製造業 （労基法 142 条）

　2024 年 3 月までは適用猶予とされていますが、適用後は通常の上限規制となります。

5 押印廃止・様式見直し

2021年4月1日より、36協定届の様式がさらに変わりました。変更箇所は次の2点です。

1 協定当事者の適格性

協定当事者となる労働組合もしくは労働者代表が、法定の要件を満たすものであるか（当該事業場の全労働者の過半数を代表するものであるか、さらに、後者については管理監督者に該当しないか）ということについて、確認を求めるチェックボックスが追加されました。

2 押印廃止

従来の様式では、労働者側の押印については不要（協定書を兼ねる場合は必要）でしたが、使用者側の押印は必須の要件とされていました。しかし、政府が推し進める押印廃止施策により、使用者側の押印についても不要となりました。なお、協定書を兼ねる場合は、労使で合意した上で労使の合意が明らかになる方法（具体的には記名押印または署名印が現実的と考えられます）によるとされています。

6 電子申請手続きの促進

1 電子証明書

e-Gov電子申請を行う際、電子証明書の添付が必要とされていましたが、2021年4月1日以降、36協定届をはじめとする労基法関係の手続きにおいて、電子証明書が不要となり、入力フォーマットに提出する者

の氏名を記載することで提出することができるようになりました。

2 一括届け出

　これまで36協定届を本社一括で届け出をするには、すべての事業所で過半数組合が当事者となる場合でなければできませんでしたが、2021年3月29日から、電子申請であれば、事業場ごとに過半数代表者を選出する場合にもできるようになりました。

第1章

労働時間制度の
はなし

1 労働時間制度の原則

1 「労働時間」とは何か

[1] 法律上の定義

　「労働時間」と聞いてどのような定義を思い浮かべるでしょうか。「働いている時間」「作業をしている時間」「会社に貢献している時間」でしょうか。ある意味間違ってはいないのですが、法的にみた場合には一部不正確なところがあります。

　「労働時間」を法的に定義すると、「労働者が使用者の指揮命令下に置かれている時間」となります。例えば、タクシーの乗務員が、お客を乗せてタクシーを運転している時間、これが労働時間に該当することは誰も争いようがないでしょう。お客を目的地へ送り届けた後、次のお客を迎えるため指定された場所へ向かう時間、あるいは、その日1日の仕事を終え、営業所に戻る時間なども、当然労働時間と考えられます。売り上げには直接貢献していませんが、業務上必要な行為ですし、何より「運転」していますので、この時間が労働時間ではない、と考える人はまずいないでしょう。

[2] 手待ち時間

　それでは、指定された場所で客待ちをしている時間はどうでしょうか。駅のロータリーなどでよく見かける光景ですが、あまりお客の来ない場所だと、乗務員がタクシーを降りて、他の乗務員と談笑していることもあります。中には、タクシーの中で居眠りをしている乗務員もいて、筆者も実際に体験したのですが、呼び掛けにも応じてもらえず、なかなか乗車できなかったということもありました。

　では、この「客待ち」の時間は「労働時間」でしょうか。一見談笑をしたり、居眠りをしていてもとがめられないのだから「休憩時間」なの

図表6 労働時間とは

労働時間 = 労働者が使用者の指揮命令下に置かれている時間
〈拘束時間 − 休憩時間〉

> 手待ち時間（現実には作業をしていないが、使用者から就労の要求がある場合に備えて待機している時間）を含む

ではないか、とも思えてしまうのですが、ここで「使用者の指揮命令下に置かれている時間」という定義が意味をもってくるのです。

　一見、自由に時間を過ごしているように見える乗務員ですが、いずれも自分のタクシーから大きく離れることはなく、何かあれば即座に対応できるように待機（スタンバイ）しているわけです。居眠りがスタンバイといえるか微妙なところはありますが、車の移動が必要になったり、お客が乗車を求めてきた場合には即座に対応できるようにしています。

　よって、売り上げには直接貢献していませんし、運転以外の業務、例えば洗車や車内清掃、日報作成など、何か作業をしているわけでもありませんが、この「客待ち」の時間も労働時間に該当します。このような直接何か作業をしているわけではないが、使用者の指揮命令下に置かれている時間のことを「手待ち時間」といいます。

　すなわち、「労働時間」とは、「拘束時間」から「休憩時間」を除いた実労働時間のことをいいますが、現実に作業をしている時間はもちろんのこと、使用者の指揮命令に入ってからの時間はすべて労働時間として取り扱われ、手待ち時間も「労働時間」に含まれます [図表6]。

[3] 労働時間の考え方

　それでは、「手待ち時間」が労働時間に含まれるとしても、具体的に何時から何時までが「拘束時間」なり「労働時間」であると就業規則や雇用契約書で定めておけば、それで足りるのでしょうか。確かに始業終

業の時刻を就業規則や雇用契約書等で定めることは必要ですが、そこでの定めと異なることが行われた場合に、定めがないだけで「労働時間」ではないとすることはできません。そこで、労働時間に該当するか否かは、労働契約、就業規則、労働協約等の定めのいかんによらず、労働者の行為が使用者の指揮命令下に置かれたものと評価することができるか否かにより客観的に定まるものである、と解されています（三菱重工業長崎造船所事件　最高裁一小　平12.3.9判決）。

　また、客観的にみて使用者の指揮命令下に置かれていると評価されるかどうかは、労働者の行為が使用者から義務づけられていた、またはこれを余儀なくされていたなどの状況の有無等から、個別具体的に判断されることになります。

　例えば、以下に掲げる時間は労働時間に該当します（前記ガイドライン）。

ア　使用者の指示により、就業を命じられた業務に必要な準備行為（着用を義務付けられた所定の服装への着替え等）や業務終了後の業務に関連した後始末（清掃等）を事業場内において行った時間

イ　使用者の指示があった場合には即時に業務に従事することを求められており、労働から離れることが保障されていない状態で待機等している時間（いわゆる「手待時間」）

ウ　参加することが業務上義務づけられている研修・教育訓練の受講や、使用者の指示により業務に必要な学習等を行っていた時間

---

2 法定労働時間のルール

[1] 労働時間の原則

　前述のとおり、労基法は、1日8時間、1週40時間を労働時間の上限とする規定を置いています（労基法32条）。すなわち、1日8時間を超える労働、あるいは1週40時間を超える労働は、それだけで原則違法

法律で定められた労働時間の限度
「1 日 8 時間」「1 週 40 時間」

36 協定の締結・届け出、
割増賃金の支払いが必要

これを超えると
違法となるため…

となってしまうのです。もちろん、一切の救済措置や例外規定もなく、すべて違法としてしまうと、社会経済が成り立たなくなってしまいますので、一定の例外措置なり、違法とならないようにする方法はあります。

その典型例がいわゆる「36 協定」の締結・届け出であり、割増賃金を支払うことで例外として「時間外労働」や「休日労働」が許容されます。そのほかには、変形労働時間制、フレックスタイム制、裁量労働制などがあります（本章 4 5 で後述）。

世間では、残業ありき、休日出勤ありきでシフトが組まれていたり、残業をするのが労使ともに当然の前提となっていたりしますが、法の建前はそうではなく、残業は本来「違法」（正確にいえば労基法 32 条違反）となるところ、一定の要件（36 協定の締結と届け出、割増賃金の支払い）の下、許容されているにすぎない、ということをきちんと理解しておく必要があります ［図表 7］。

[2] 労働時間が 1 日 8 時間である意味

ところで、なぜ 1 日 8 時間という規定があるのか、考えたことはありますか。労基法は強行法規性を有しており、仮に契約当事者間（使用者と労働者との間）で、1 日 12 時間働いてもらいたい、1 日 12 時間でもいいから働きたい、という意思が合致していたとしても、36 協定の内容に従い、きちんと割増賃金を支払うなど、一定の例外要件を満たさない限り、そのような契約は原則違法となってしまうのです。なぜでしょうか。

それは労基法が労働者を保護するために制定された法律だからです。法が何も規制をしなければ、すなわち何時間働くかについて当事者任せにしていては、長時間労働が横行し、労働者の健康を損なうことになってしまいます。賃金の支払いを受ける立場にある労働者は、どうしても賃金を支払う立場にある使用者に迎合する形となり、自身の健康を顧みずに使用者に言われるがまま、長時間の労働をしてしまうと考えたわけです。

　労基法は1911年に制定された工場法を経て、1947年に制定された法律であり、制定当初は、現代の「売り手市場」とはだいぶ事情が異なっていたものと思われます。それでも1日8時間という枠組みは、現代においても一定の妥当性を有していると考えてよいでしょう。

[3] 生産性からみる法定労働時間の妥当性

　長時間労働をしたからといって、それだけの成果が比例して生じるわけではありません。むしろ効率の面からいえば、長時間労働をすれば生産性が落ちるのです。実際、連続9時間以上仕事を続けると、ミスの発生率が急増し、12時間では通常の2倍、16時間では3倍のミスが生じるとの研究報告もあります（米国医学研究所IOM調査）。

　そもそも、労働時間の経過により労働者の作業効率は絶えず変化します。一般的には、仕事を始めたばかりの時間帯であれば、まだ慣れていないため作業効率は低いですが、時間がたつにつれ作業効率は上昇します。しかし、その後さらに一定時間経過すると、疲弊しミスも増加し、作業効率は低下すると考えられます。

　では、最も効率のよい労働時間は1日何時間なのでしょうか。労働政策研究・研修機構（「日本の長時間労働・不払い労働時間に関する考察」2004年3月）によれば、「効率最大の労働時間の推計結果を考慮すると、1日について8時間という法定労働時間は経済学的にも合理性があるといえよう」とされています。

(労働基準法 32 条)

　　使用者は、労働者に、休憩時間を除き 1 週間について 40 時間を超えて、労働させてはならない。

2　使用者は、1 週間の各日については、労働者に、休憩時間を除き 1 日について 8 時間を超えて、労働させてはならない。

　法が、統計学的な観点から緻密な計算をして 1 日 8 時間の原則を定めたかどうかは分かりませんが、いずれにしろ、1 日 8 時間という規制は、労働者の健康を図るための観点のみならず、生産性の観点からしても、合理的なものといえるでしょう。

3　休憩のルール

[1] 休憩時間は何分必要か

　法律上、使用者が労働者に与えなければならない休憩時間は、労働時間の長さに応じて決められています（労基法 34 条 1 項）。すなわち、労働時間が 6 時間までのときは与えなくても構わないのですが、労働時間が 6 時間を超え 8 時間までのときは、少なくとも 45 分、労働時間が 8 時間を超えるときは、少なくとも 60 分の休憩を与えなければなりません［図表 8］。

　この規定を踏まえ、実務上は実働 8 時間、休憩 60 分としている企業

図表 8 ｜ **労働時間に応じて付与する休憩時間**

労働時間	休憩時間
6 時間まで	与えなくてもよい
6 時間を超え、8 時間まで	45 分以上
8 時間を超える	60 分以上

が多いのではないかと思われます。確かに8時間ぴったりであれば8時間を超えていないので、45分の休憩で足りることになります。しかし、これでは1分でもオーバーすれば違法になってしまいますし、何より、残業を命じるに当たりまず15分休ませる必要が生じてしまいます。休憩は、労働時間の間に与えなければならず、始業時刻前や終業時刻後に休みを与えても労基法上の休憩時間を付与したことにはなりません。急ぎの仕事をしなければならないから残業をするのに、まず休憩しなければならない、というのはあまり合理的とはいえません。

　よって、実働8時間の企業はもちろんのこと、実働が8時間に満たない（例えば7.5時間）企業でも休憩を60分としているのではないかと思われます。

[2] 休憩の原則

　さて、休憩については二つの原則を押さえておく必要があります。「一斉休憩の原則」と「自由利用の原則」です。順にみていきましょう。

(1) 一斉休憩の原則（労基法34条2項）

　休憩は本来一斉に与えなければならないとする原則です。労基法の前身として工場法があったことを考えればお分かりいただけると思いますが、一斉に手を止めて、全員が休憩しないと、周りの目を気にして十分に休めなかったり、一人だけ抜けると生産ラインが止まってしまったり、労使ともに不都合が生じるため、きちんと休める環境を整えることを担保するために規定されたものと思われます。

　とはいえ、一斉に休憩してしまうとかえって業務が停滞してしまう場合もあります。そこで、適用除外事業（労基法施行規則31条）が認められており、さらに、適用除外事業でなくても労使協定を締結すれば個別に休憩を与えることが可能となります **[図表9]**。なお、この一斉休憩適用除外の労使協定は、労基署へ届け出る必要はありません。しかし、筆者が実際に相談を受けた例では、労基署の調査が入り、労使協定を締結

図表9 | 一斉休憩の適用除外事業

適用除外事業			
運輸交通業	通信業	商業	保健衛生業
金融・広告業	接客娯楽業	映画・演劇業	官公署の事業

するように是正勧告を受けたという事案もありますので、届け出の必要がないからといって高をくくらずに、きちんと締結をしておくべきです。

(2) 自由利用の原則（労基法34条3項）

　休憩時間をどう使うかは労働者の自由にさせる必要があります。通達をみても、「休憩時間とは単に作業に従事しない手待時間を含まず労働者が権利として労働から離れることを保障されている時間の意であって、その他の拘束時間は労働時間として取扱うこと」（昭22.9.13　発基17）とされており、権利として労働から離れることを保障されているか否かは、「労働者が自由に利用することができる時間」であるかどうかという観点から判断するとされています（昭39.10.6　基収6051）。

　休憩時間ではあるが、呼び出しがあればすぐこれに対応しなければならないといった待機状態であれば、それは休憩時間とはいえません。それは、手待ち時間であり労働時間となります。

[3] 休憩時間の取り扱いに関するトラブル

　休憩時間の取り扱いについては、労働者が退職した後、トラブルに発展するケースも少なくありません。例えば、会社在籍中、ほとんど休憩を取ることができなかったなどと主張し、休憩を取らずに働いていた時間に相当する部分の賃金が未払いであるとして、退職後に残業代請求をしてくるわけです。筆者も何度か休憩時間の取り扱いに関する未払い賃金請求訴訟を会社側代理人として経験しましたが、裁判所の判断はおおむね［図表10］のようなものとなりました。

図表10 | 休憩時間の取り扱いに関する訴訟事例

当事者の主張	裁判所の判断
ⅰ）労働者が各自好きな時に休んでいたという会社の主張	休憩時間は何時から何時までと時刻を定めて与えるものであるから、各自で任意の時間帯に取得していたとの主張は原則認められない。
ⅱ）頻繁にたばこを吸いに行っていたので合計すれば相応の時間になるという会社の主張	認められない。休憩時間は自由利用を認めるというその性質上、ある程度まとめて与える必要がある。60分休憩であれば許容できるのはせいぜい2分割までである、という裁判官の意見もあった。
ⅲ）昼の休憩時間は12～13時と就業規則に書かれているが、実際には休憩時間も仕事をしていたという労働者の主張	実際にその日、その時間、仕事をしていたという証明がなされない限り、認められない。休憩の時間帯が決まっていたのであれば、通常は、その時間帯どおりに休んでいただろうという推定が働くからである。推定を覆すだけの証拠を提出できなければ、当初の推定が勝つ。

　以上の訴訟事例からも分かるとおり、休憩時間は、何時から何時と時刻を定めて与える必要があります。時間帯を定めて与えていれば、仮に、その時間帯に休憩を取ることができない日があったとしても、その立証責任は労働者が負うことになるため、直ちに労働者の請求が認められることにはなりません。しかし、そのような時間帯の明示を行わずに、手すきになったら休憩を取るようにしていた、日によって休憩の時間帯は異なる、いつ取得したか記録がないので分からない、といった運用を行っていると、いざ訴訟を提起されたとき、会社の主張を認めてもらうのは難しいでしょう。

　必ずしもタイムカードによる必要はありませんが、何らかの客観的な記録により、きちんと労働時間管理を行うことが肝要です。

参考条文

(労働基準法 34 条)

　使用者は、労働時間が6時間を超える場合においては少くとも45分、8時間を超える場合においては少くとも1時間の休憩時間を労働時間の途中に与えなければならない。

2　前項の休憩時間は、一斉に与えなければならない。ただし、当該事業場に、労働者の過半数で組織する労働組合がある場合においてはその労働組合、労働者の過半数で組織する労働組合がない場合においては労働者の過半数を代表する者との書面による協定があるときは、この限りでない。

3　使用者は、第1項の休憩時間を自由に利用させなければならない。

4 休日のルール

[1] 法定休日と法定外休日

　労基法35条は、1週1日もしくは4週4日の休日を与えることを義務づけています。これを「法定休日」といいます。これに対し、この要請を上回る休日を「法定外休日」といいます。土日休みの週休2日制の場合、いずれかが法定休日で、他方が法定外休日ということになります。なお、いずれを法定休日にするかは就業規則等に明記しておくのが望ましいとされています（平6.1.4　基発1　最終改正：平27.3.31　基発0331第14、平21.5.29　基発0521001）。特に、法定休日と法定外休日とで割増賃金の率を変更する場合には、土日のうち、いずれが法定休日であるかの特定が必要となるため、記載しておくべきです。また、4週4日の変形休日制を採用する場合は、就業規則等にその旨を記載した上で、4週の起算日を明らかにする必要があります **[図表11]**。

図表11 │ 変形休日制のイメージ

[1] 毎週1日の休日例

1週	1週	1週	1週
日 月 火 水 木 金 土	日 月 火 水 木 金 土	日 月 火 水 木 金 土	日 月 火 水 木 金 土
休	休	休	休

[2] 4週4日の休日例

4週			
日 月 火 水 木 金 土	日 月 火 水 木 金 土	日 月 火 水 木 金 土	日 月 火 水 木 金 土
	休 休		休 休

資料出所：東京労働局「労働基準法のあらまし2018」

[2] 休日の与え方

　ところで、休日とは、労働契約において労働義務がないとされている日をいい、原則として暦日単位で与える必要があります。すなわち、午前0時を起算点とする連続した24時間を丸々休ませる必要があります（昭23.4.5　基発535）。例えば、金曜日の夜に残業をして、午前0時を超えてしまった場合、当該金曜日の翌日である土曜日については休日を与えたことになりません。その意味からしても、土日休みの週休2日制とする場合には、日曜日を法定休日としておいたほうが合理的ではないかと思われます。

　ただし、3交替制勤務等で暦日をまたがる勤務がある場合には、暦日休日制の原則を適用すると、1週2暦日の休日を与えなければならないことになりかねず、1週1日の休日を要請した法の趣旨に合致しないことになります。そのため、番方編成による交替制であることを就業規則等で定め、制度として運用されており、各番方の交替が規則的に定められ、シフト表等でその都度設定されるようなものではない、という場合に限り、例外的に、継続24時間をもって休日とすることで差し支えないとされています（昭63.3.14　基発150・婦発47）。

(労働基準法 35 条)

　　使用者は、労働者に対して、毎週少くとも1回の休日を与えなけれ
ばならない。

2　前項の規定は、4週間を通じ4日以上の休日を与える使用者につい
ては適用しない。

5　労働時間の把握義務

[1] 労働時間の把握方法

　労働者がどれくらいの時間働いたか、その労働時間を把握する義務を
使用者は負っています（安衛法66条の8の3）。賃金支払い義務を負っ
ていることから、賃金計算をする上での前提情報として、あるいは、労
働者に対する安全配慮義務ないし健康配慮義務の一環として、労働者の
労働時間を把握する義務を負うのは当然のことです。

　いわゆる管理監督者に当たり、残業代を支払う必要のない管理職クラ
スであっても健康配慮義務は生じるため、やはり労働時間を把握する義
務を負うことになります（前記ガイドライン）。

　では、どのようにして労働時間を把握すればよいのでしょうか。多く
の企業では、いわゆる自己申告制（日々の出退勤時刻を労働者が自らパ
ソコン等で記録し、月ごとに締めて上司に提出するなどの方法）が採ら
れています［図表12］。しかし、実は、自己申告制には大きな問題が
あり、好ましい方法とはいえません。必ずしもタイムカードによる必要
はありませんが、ビルの入退館記録、パソコンのログイン記録等、後に
改竄したり、容易に書き換えることのできない、客観的なデータによる
べきです。

図表 12 | 一般社員の労働時間の管理方法（複数回答）

- （社）、% -

区　分		全　産　業				製造業	非製造業
		規模計	1,000人以上	300〜999人	300人未満		
2019年3月以前	合　　計	(331)100.0	(105)100.0	(113)100.0	(113)100.0	(150)100.0	(181)100.0
	使用者が自ら現認	16.9	21.0	16.8	13.3	16.7	17.1
	タイムカード	20.8	19.0	16.8	26.5	22.7	19.3
	IC カード	39.0	44.8	38.9	33.6	**46.7**	32.6
	パソコンの使用時間の記録	27.5	41.0	27.4	15.0	20.0	33.7
	自己申告	**48.0**	**56.2**	**48.7**	**39.8**	41.3	**53.6**
	その他	8.2	5.7	8.0	10.6	8.7	7.7
2019年4月以降	合　　計	(331)100.0	(105)100.0	(113)100.0	(113)100.0	(150)100.0	(181)100.0
	使用者が自ら現認	17.5	21.0	16.8	15.0	16.7	18.2
	タイムカード	21.1	17.1	18.6	27.4	22.7	19.9
	IC カード	41.4	45.7	42.5	36.3	**50.7**	33.7
	パソコンの使用時間の記録	31.1	41.0	35.4	17.7	20.7	39.8
	自己申告	**45.9**	**54.3**	**45.1**	**38.9**	39.3	**51.4**
	その他	10.0	10.5	8.8	10.6	8.7	11.0

資料出所：労務行政研究所「働き方改革関連法への対応アンケート」（2019年）
［注］　集計対象は、2019年3月以前と2019年4月以降のいずれにも回答のあった企業。

[2] 自己申告制の留意点

　自己申告による場合は、職場で残業をしづらい雰囲気があったり、残業代を多くもらうことによって、その分評価を下げられる可能性等を懸念したりして、労働者が実際の労働時間よりも少ない時間を申告する傾向にあります。実際、残業代請求訴訟等で勤務の実態や時間外勤務の時間数が争点となった際、裁判所は、自己申告データの証拠価値をかなり低くみています。

　幾つか例を挙げると、まず、証明力が最も高いと考えられているのは、

タイムカード、入退館記録、パソコンのログイン記録等の客観的なデータです。次に、証明力がやや高いと考えられているのは、日記や手帳等、労働者が日々記録したデータです。一見すると、後からいくらでも自分に都合がよいように書き換えができ、そもそもいつ作成されたものかも分からないのですが、それでも裁判所は性善説に立って、一応の証拠価値を認める傾向にあります。すなわち、これを覆すものが使用者側から出てこなければ、労働者の手書きのメモでも労働の実態を表す証拠として通ってしまうのです。そして、一番証明力が低いのが、会社在籍中に作成された自己申告データです。

　したがって、どうしても自己申告制を採らざるを得ないのであれば、いざ訴訟等に発展しときにはまったく役に立たないということを認識した上で、以下の4点に留意し、運用すべきでしょう。

[3] 自己申告制の運用ルール

(1) 労働者とその上司に対して十分な説明を行う

　自己申告制の運用について、当事者任せにせず、上司と部下、双方に対して、正しい知識を持ってもらうために、きちんと説明を行う必要があります。また、後から「聞いていない」などのトラブルにならないよう、説明を行った際には、実施日、説明者、説明内容等を書面化しておくのが望ましいでしょう。説明すべき内容としては、例えば、参加を義務づけられた会議、研修、教育訓練等は労働時間になること、休憩時間に電話番を命ずると労働時間になること、手待ち時間も労働時間であること等、労働時間に関する正しい知識とそれに基づいた運用方法です。これらの知識を上司がきちんと理解しているかの確認も必要です。

(2) 自己申告データと実労働時間に乖離がないか、必要に応じて調査

　自己申告データをうのみにするのではなく、自己申告データと実労働時間に乖離がないか、定期的に実態調査をすることが望ましいと考えられています（前記ガイドライン）。全員について調査をするのが難しい

のであれば、長時間労働者だけをピックアップするのでも意義はあります。パソコンのログイン記録やビルの入退館記録等、客観的なデータと照合することにより、著しい乖離がないかを定期的に確認することが肝要です。

　ほかには、従業員アンケートを行う、事業所内の夜間見回りを行い、居残りが常態化している者がいないか、その者の自己申告データと合致しているかを確認する、といった方法もあります。

(3) 調査の結果、乖離が認められれば、所要時間の補正を行う

　調査して終わりではなく、自己申告データと実労働時間に乖離が認められた場合には、原因究明、再発防止はもちろんのこと、割増賃金の追加支払い、代休の付与等、賃金面、労働者の健康面、双方から是正なり補填（はてん）を行う必要があります。

(4) 自己申告できる時間外労働の時間数に上限を設けない

　企業としては残業削減の方針を打ち出していたとしても、見た目だけそれに合わせようと、上司が部下に対して、残業を一定時間以上付けないように指示するという例が見受けられます。特に、36協定の限度時間（あるいは特別条項の限度時間）を暗黙の了解として自己申告時間の上限としているケースが多いため、企業としては、単に残業削減の方針を打ち出すだけでなく、違法な独自ルールが現場の部門で横行していないか、きちんと調査し、部門長らを指導していく必要があります。

2　労働時間制度の例外

　「原則」があれば必ず「例外」もあります。例外が認められる場合について確認しましょう。

1　労働時間・休憩・休日の適用除外者

　労基法41条は、一定の者について、労働時間、休憩、休日に関する

規制を適用しないことを定めています。一定の者（労基法41条該当者）とは、以下のとおりです。

---

(1) 農業、畜産・水産業に従事する者（1号）
(2) 管理・監督の地位にある者（いわゆる「管理監督者」）、または機密の事務を取り扱う者（2号）
(3) 監視・断続的労働に従事する者（3号）

ただし、この規定によっても「深夜勤務」に関する規制については、適用除外は認められません（昭63.3.14　基発150・婦発47　最終改正：平11.3.31　基発168）。労基法41条該当者であっても、深夜時間帯（午後10時～翌日午前5時）に勤務した場合には、別途深夜割増賃金を支払う必要があります（いわゆる0.25倍の部分だけで足ります）。

[1] 農業、畜産・水産業に従事する者

　労働時間や休憩、休日の規定をそのまま適用すると、かえって不合理となることは容易に想像いただけると思います。天候や気温、水温、潮の干満、季節の移り変わりなどに合わせて収穫を早めたり、遅くしたり、臨機の対応を余儀なくされる事業において、「明日は法定休日なので仕事できません」とか「もう定時なのであがります」といって、必要なときに仕事をしてもらえないのでは困ります。このような、いわば「自然」を相手にする事業に従事する者についても、当然休憩や休日は必要ですが、それは法が強制してうまくいくものではないため、強行法規性を有する労基法においては、適用除外とされたのです。

[2] 機密の事務を取り扱う者

　機密の事務を取り扱う者（管理監督者は 3 で後述）は、「秘書その他職務が経営者又は監督若しくは管理の地位に在る者の活動と一体不可分であって、出社退社等についての厳格な制限を受けない者」をいう（昭22.

9.13　発基 17）と解されています。ここでいう「秘書」は、社長と常に行動をともにし、十分な待遇を与えられている者を想定していますので、「秘書」と名のつく労働者がすべて当てはまるわけではありません。「秘書」と名のつく職務に従事する者であっても、オフィスに常駐し、時間管理が可能な場合は、適用除外者には該当しないと解すべきでしょう。

[3]　監視・断続的労働に従事する者

　「監視労働」とは、一定部署にあって監視するのを本来の業務とし、常態として身体の疲労および精神的緊張の少ないものとされています（昭 22.9.13　発基 17）。また、「断続的労働」とは、「休憩時間は少ないが手待時間が多い」労働とされています（昭 22.9.13　発基 17）。具体的には、守衛、小・中学校の用務員、団地管理人、隔日勤務のビル警備員などが該当します。なお、労基法 41 条 3 号による例外的取り扱いをする場合は、1 号や 2 号と違って、所轄の労基署長の許可を得る必要があります（労基法施行規則 34 条、様式 14 号）。許可を得ずに、1 日 8 時間以上、監視・断続的労働を行わせると、労基法 32 条違反のみならず、労基法 37 条により割増賃金の支払い義務が生じ、二重に違反を犯したことになってしまいます。

参考条文

（労働基準法 41 条）

　　この章、第 6 章及び第 6 章の 2 で定める労働時間、休憩及び休日に関する規定は、次の各号の一に該当する労働者については適用しない。

一　別表第 1 第 6 号（林業を除く。）又は第 7 号に掲げる事業に従事する者

二　事業の種類にかかわらず監督若しくは管理の地位にある者又は機密の事務を取り扱う者

三　監視又は断続的労働に従事する者で、使用者が行政官庁の許可を受けたもの

····· **Column** ·····

宿日直勤務

　主に病院などで行われている勤務形態で、通常の業務とは異なり、常態としてほとんど労働をする必要がなく、定期的な巡視やごくまれにかかってくる電話をとるなどの対応をするために職場にとどまるものを、宿日直勤務といいます。夜間に行われ、宿泊を伴うものを宿直、休日の昼間に行われるものを日直といいます。

　実作業をしている時間は少なく、また、身体的・精神的緊張も少ないものであれば、断続的労働と認められ、拘束時間をそのまま労働時間と扱う必要はなくなります（労基法施行規則 23 条、様式 10 号）。

　宿日直勤務の許可基準は通達で示されていますので、この制度を利用する場合には参考にしてください（昭 22.9.13　発基 17）[図表 13]。

図表 13 ｜ **宿日直勤務の許可基準**

区分	内　　容
勤務の態様	定時的巡視、緊急の文書または電話の収受、非常事態に備えての待機等
手当	賃金の平均日額の 3 分の 1 を下回らないこと
勤務時間	著しく短いものは不可
回数	原則、宿直は週 1 回、日直は月 1 回まで
その他	宿直の場合は睡眠設備の設置が必要

2 労働時間に関する規制の例外

次に、労働時間の法規制に関する例外をみていきましょう。

原則	1日8時間、1週40時間
例外	(1) 36協定 (2) フレックスタイム制、変形労働時間制、裁量労働制、事業場外みなし労働時間制、高度プロフェッショナル制度 (3) 災害等による臨時の必要がある場合 (4) 一定の事業

[1] 36協定

労働時間には「1日8時間、1週40時間」の原則があるところ、労使が延長可能な労働時間、その他一定の事項について協定を交わし、これを所轄の労基署長に届け出ることにより、一定の範囲で労働時間の延長を認めるものです。

[2] 制度を適用することによる例外

フレックスタイム制（労基法32条の3）、変形労働時間制（同法32条の2、4、5）、裁量労働制（同法38条の3、4）、事業場外みなし労働時間制（同法38条の2）、高度プロフェッショナル制度（同法41条の2）といった制度を利用することにより、「1日8時間、1週40時間」の原則の例外が、法的に、または事実上※可能となります。

※　裁量労働制や、事業場外みなし労働時間制は、1日8時間を超えて働くことを制度として許容するものではありませんが、みなし労働時間を8時間以内に設定することで、1日8時間を超える労働が「事実上」可能となります。

[3] 災害等による臨時の必要がある場合

「災害その他避けることのできない事由によって、臨時の必要がある場合」との限定は付きますが、使用者は、事前に労基署長の許可を得る

ことで、労働時間を延長することができます（労基法33条）。事前に許可を得ることができないほど事態が急迫している場合には、事後に遅滞なく届け出れば足りるとされており、労基署長が労働時間の延長を不適当と認めるときは、その後に当該時間に相当する休憩または休日を与えるべきことを命ずることができるとされています（同条1項、2項）。

　このように、労働者の健康面にも一定の配慮をしていますが、何より重要視すべきことは、この規定による労働時間の延長は36協定がなくても可能ということです。

　さらに、「公務のために臨時の必要がある場合」であり、かつ、一定の官公署の事業に従事する国家公務員および地方公務員に限られますが、労基署長の事前の許可等がなくても、労働時間を延長することができる、とする規定（同条3項）もあります。

　そもそも36協定があれば労基法33条を使う必要性はほとんどなく、また、この規定の存在自体マイナーなこともあって、実務ではこの規定を活用する事例をあまり聞いたことはありませんが、「何十年に一度」という大災害が頻発する昨今、いざというときのためにこのような制度があることを知っておく意義は大きいと思われます。なお、自然災害への対応や人命、公益保護、ライフラインの復旧といった場合には労基法33条を活用できますが、いかに緊急性が認められようと、通常予見される事象は対象とはなりません。例えば、定期的に行うサーバーのメンテナンス作業等は対象とはなりません。もっとも、サーバー攻撃を受けたことによる復旧対応は対象になると解されています（令元.6.7　基発0607第1）。

[4] 一定の事業

　一定の事業のうち、「公衆の不便を避けるために必要なものその他特殊の必要あるもの」については、「その必要避くべからざる限度で」「厚生労働省令で別段の定めをすることができる」とされています（労基法

40条)。この別段の定めが、次の二つになります。

(1) 特例措置対象事業場における44時間制
（労基法施行規則25条の2）

　商業、映画・演劇業（映画製作の事業を除く）、保健衛生業、接客娯楽業のうち、常時使用する労働者が10人未満の事業場については、労働時間が「1日8時間」「1週44時間」までの特例があります。これにより、例えば、1日7時間20分の労働で、週6日勤務といったシフトが可能となります。週44時間の範囲に収まるのであれば、36協定はもちろん、割増賃金の支払いも要りません。また、1カ月単位の変形労働時間制やフレックスタイム制（清算期間が1カ月を超える場合は除く）を導入した上で、週44時間制とすることも可能です。

(2) 列車等に乗務する予備勤務者の1カ月単位の変形労働時間制の特例
（労基法施行規則26条）

　本来、1カ月単位の変形労働時間制を採用するためには、労使協定や就業規則等でその旨を定める必要があるのですが、その手続きを行うことなく、「列車、気動車又は電車に乗務する労働者で予備の勤務に就くもの」については、1カ月単位の変形労働時間制を直ちに適用させることができます。

　ちなみに、飛行機やバスに乗務する予備勤務者については、この特例は適用できません。列車等は、あらかじめ敷かれた軌条（レール）の上を走るため、例えば、運転士に何かトラブルが生じた場合、事故車両をそのままその場に留め置くと、後続の列車等が同区間を運行できなくなってしまい、広範囲に影響が生じてしまいます。そこで、列車等に乗務する予備勤務者についてのみ、この特例が認められたものと思われます。

3 休憩に関する規制の例外

次は、休憩の法規制に関する例外をみていきましょう。

原則	6時間超労働で45分・8時間超労働で60分、一斉休憩、自由利用
例外	(1) 一斉休憩の適用除外 (2) 高度プロフェッショナル制度 (3) 一定の事業

[1] 一斉休憩の適用除外

前述したとおり、運輸交通業、商業、金融・広告業、映画・演劇業、通信業、保健衛生業、接客娯楽業、官公署の事業については、労基法34条2項が適用除外となるため、一斉に休憩を与える必要はありません（労基法施行規則31条）。

また、上記適用除外事業でなくとも、労使協定を締結すれば、適用除外とすることができます（労基法34条2項ただし書き）。

[2] 高度プロフェッショナル制度

詳しくは**6**で後述しますが、高度プロフェッショナル制度の対象者については、休憩に関する規定が適用されません。

[3] 一定の事業

前記**2**[4]と同様に、休憩については、次の二つが別段の定めになります（労基法40条）。

（1）休憩付与の適用除外（労基法施行規則32条）

事業の性質を考慮してのことと思われますが、[**図表14**]の(a)〜(c)の労働者については、休憩を付与する必要がありません。

図表14 | 休憩付与、自由利用の適用除外の対象となる労働者

休憩付与の適用除外	自由利用の適用除外
(a) 道路、鉄道、軌道、索道、船舶・航空機による旅客・貨物の運送の事業または郵便・信書便の事業に使用される労働者のうち、列車、自動車、船舶、航空機等の運転手や車掌等の乗務員で長距離にわたり継続して乗務する者	(d) 警察官、消防吏員、常勤の消防団員、准救急隊員および児童自立支援施設に勤務する職員で児童と起居をともにする者
(b) (a)に該当しない乗務員のうち、業務の性質上休憩時間が与えられず、かつ、停車時間や折り返しによる待ち合わせ時間等の合計が、法定の休憩時間に相当する者	(e) 乳児院、児童養護施設および障害児入所施設に勤務する職員で児童と起居をともにする者
(c) 屋内勤務者30人未満の郵便局において郵便窓口業務に従事する者	(f) 居宅訪問型保育事業に使用される労働者のうち、家庭的保育者として保育を行う者

(2) 自由利用の適用除外（労基法施行規則33条）

　休憩時間は本来自由に利用させなければならないのですが、[図表14] (d)～(f)の労働者については、その自由利用の規定が適用除外となります。ただし、(e)については、所轄の労基署長の許可が必要とされています（同条2項）。

4　休日に関する規制の例外

　最後に、休日の法規制に関する例外をみていきましょう。

原則	1週1日、ないし4週4日
例外	(1) 36協定 (2) 休日の振り替え (3) 高度プロフェッショナル制度 (4) 災害等による臨時の必要がある場合

[1] 36協定

　一定の事項について労使協定を交わし、これを所轄の労基署長に届け出ることにより、「1週1日、ないし4週4日」の法定休日であっても、労働させることができるようになります。

[2] 休日の振り替え

　詳しくは後述（第2章 **2** **2** [11]）しますが、あらかじめ、本来の「休日」を他の所定就労日と入れ替えることができます。これにより、当初は法定休日であった日に労働をさせることができます。しかし、振り替えにより新たに「休日」となった日については、当然休ませなければなりません。また、振り替え先については、なるべく近接した日にすべきこと（昭23.7.5　基発968　最終改正：昭63.3.14　基発150・婦発47）、振り替えによって当該週の労働時間が40時間を超えてしまうと、その時点で割増賃金の支払い義務が生ずること（昭22.11.27　基発401　最終改正：昭63.3.14　基発150・婦発47）については注意が必要です。

[3] 高度プロフェッショナル制度

　詳しくは **6** で後述しますが、高度プロフェッショナル制度の対象者については、休日に関する規定が適用されません。

[4] 災害等による臨時の必要がある場合

　「災害その他避けることのできない事由によって、臨時の必要がある場合」との限定は付きますが、使用者は、事前に労基署長の許可を得ることで、法定休日に労働させることができます（労基法33条）。事前に許可を得ることができないほど事態が急迫している場合には、事後に遅滞なく届け出れば足りるとされており、労基署長がその休日労働を不適当と認めるときは、その後にその時間に相当する休日を与えるべきことを命ずることができるとされています（同条1項、2項）。

さらに、「公務のために臨時の必要がある場合」であり、かつ、一定の官公署の事業に従事する国家公務員および地方公務員に限られますが、労基署長の事前の許可等がなくても、休日労働をさせることができる、とする規定（同条3項）もあります。

3 管理監督者

1 「管理監督者」の定義

[1] 管理監督者とは

「管理監督者」という用語に聞き覚えのある方も多いでしょう。前述のとおり、管理監督者に該当すると、労働時間、休憩、休日に関する労基法上の規制が適用されなくなります。すなわち、管理監督者に該当すれば、残業代を支払う必要がなくなるわけです（ただし、深夜労働に関する規制は適用除外となりませんので、深夜割増部分は支払う必要があります）。そのため、「管理監督者に該当するか否か」ということは、残業代請求訴訟における被告（会社側）の反論の定番ともいえるほどに訴訟でも頻出の争点となります。

ところで、「管理監督者」とは、どのような人たちを思い浮かべるでしょうか。「部長」以上でしょうか、それとも「課長」以上でしょうか。あるいは役職がついている人たちは皆該当するのでしょうか。俗に「名ばかり管理職」という言葉も耳にしますが、きちんと整理しておきましょう。

> **名ばかり管理職**
> 多店舗展開企業における小規模な店舗の店長等について、十分な権限、相応の待遇が与えられていないにもかかわらず、労働基準法上の管理監督者とされている管理職のこと（平20.10.3　基監発1003001）。

[2]「管理職」と「管理監督者」の違い

　そもそも、「管理職」と「管理監督者」は、言葉の雰囲気こそ似ていますが、全く別の言葉です。「管理職」については、きちんとした法律上の定義があるわけではありません。一般に、経営陣を含む一定の役職、地位以上にある従業員の総称として、あるいは、組合員の対概念として使用されることもある日常用語です。これに対し、「管理監督者」とは、前述したとおり、労基法41条2号の「監督若しくは管理の地位にある者」を指す法律用語です。縮めて「監督・管理・者」となるところ、語呂が悪いので「管理監督者」と称されるようになりました。

　どちらにも「管理」という言葉が入っているために、同じような意味をもつ単語として認識している人も多いようです。「課長」は一般的に「管理職」に該当しますが、訴訟になった場合、「管理監督者」と認められることはまずありません。実務上多く見受けられる、「課長」以上の管理職には残業代を払わなくてよい、といった運用方針は用語を誤って理解していることから生じているのではないかと思われます。

2 「管理監督者」の判断基準

　それでは、「管理監督者」に該当するのはどのような人たちなのでしょうか。管理監督者性が争われた裁判例は数多く存在しており（日本マクドナルド事件　東京地裁　平20.1.28判決など）、判断基準は次のとおりほぼ固まっています。

　管理監督者とは、「労働条件の決定その他労務管理について経営者と一体的立場にある者をいう」と解されています。そもそも、労基法の労働時間、休憩、休日に関する規定は労働者を保護するために定められたものです。その規定を適用しないわけですから、保護の対象外としても実質的にみて問題のない労働者でなければならない、すなわち「経営者と一体的な立場にある労働者」と解釈されるわけです。そして、「経営

図表 15 | 管理監督者性の判断要素

```
(1) 職務内容、責任、権限
        採用、解雇等の人事権、人事考課権限を有しているなど
(2) 勤務態様
        遅刻早退控除を受けない、労働時間に裁量があるなど
(3) 賃金等の待遇
        割増賃金の支払いがある部下等と比較しても十分な給与を得ているなど
```

▼

「管理監督者」に該当する者

者と一体的な立場」にあるといえるかどうかは、次の 3 点から総合的に判断されます [図表 15]。

[1] 職務内容、責任、権限

　どのような職務を任せられており、どのような責任を負う立場にあるか、またそれに応じてどのような権限を社内で有しているか、といったことが一つ目の判断要素になります。「経営者と一体的な立場」にあるのであれば「経営会議」に参加し、自社の経営方針について自分の意思を述べることくらいはできるはずです。そのほかにも社員の採用、配置転換、解雇等の人事権を有していること、人事考課の最終決定権限を有することなどがメルクマール（指標）になります。

[2] 勤務態様

　労働時間の規制対象から外され、割増賃金の支払いを受けなくても保護する必要がない、といえるためには、そのような時間管理にとらわれない仕事の仕方が許されている場合でなければなりません。したがって、出社、退社の時刻について決まりがなく、遅刻や早退による賃金控除などもなく、またいつを休日とするかについても本人に広い裁量が認められている、といった勤務態様であることが必要となります。

[3] 賃金等の待遇

　一定の責任や権限があり、勤務態様に高い自由裁量が認められたとしても、残業代をもらえる部下と比較して賃金総額が逆転してしまうようでは、結局その労働者の保護に欠けることになってしまいます。そこで、割増賃金をもらえないとしても既に十分な給与を得ている（割増賃金の支払い対象となる労働者と比較してベース賃金が相当程度高い）ことが必要となります。

3 「管理監督者」に該当する者

[1] 管理職イコール管理監督者ではない

　さて、管理監督者に該当すると認められるためには、かなり厳しい基準があることはお分かりいただけたと思います。したがって、世の中の課長以上のいわゆる「管理職」と呼ばれる人たちが全員「管理監督者」に該当するわけではありません。前記 2 の基準をみても分かるとおり、「課長」レベルで「管理監督者」に該当すると認めてもらうことはまず無理でしょう。「部長」でも難しいかもしれません。「本部長」クラス、もっといえば「執行役員」クラスでなければ前記 2 の基準を満たすことはなかなかないものと思われます。

　筆者が残業代請求訴訟において会社側の代理人を務める際も、クライアントである被告の意向を聞いた上で、必要に応じて管理監督者に該当する旨の主張を行いますが、認められるケースは極めてまれです。

[2] 成果や責任に見合った報酬体系に

　「管理職」イコール「管理監督者」であるとして、課長以上の役職者に一切残業代を支払っていない、という会社は、いざ残業代請求訴訟を提起されると、かなり苦しい立場に立たされることになります。しかしだからといって、「課長」と「部長」に残業代を支払えばよいのかとい

うと、それが企業運営において直ちに「正解」といえるかどうかは分かりません。確かに「残業代を支払うこと」それ自体は、労働法的にみれば「正しい」のですが、社会的にみた場合には、「成果」や「責任」に応じてではなく、単に「時間」の多寡に応じて賃金を支払うという仕組みに、かえって「やりがい」を失う者も出てくるかもしれません。

この問題は「こうすれば正解」というものがない大変難しい問題です。「課長」以上の役職者に残業代を支払っていない場合、提訴されれば敗訴する可能性が高いのは事実ですが、そのことを肝に銘じた上で、労働者のモチベーション維持・向上を図るため、不平不満を解消する施策、ないし、「成果」や「責任」に見合った報酬体系を構築していくことも一法ではないかと思います。

4 変形労働時間制、フレックスタイム制

1 変形労働時間制の種類

労基法では「変形労働時間制」や「フレックスタイム制」を導入することにより、例外的に「1日8時間、1週40時間」を超えて労働させることができるようになります。この「変形労働時間制」には、「1カ月単位の変形労働時間制」（労基法32条の2）、「1年単位の変形労働時間制」（同法32条の4）、「1週間単位の非定型的変形労働時間制」（同法32条の5）の三つがあります。企業において、何らかの変形労働時間制を採用している割合は約6割であり、その種類は企業規模によってさまざまです　[図表16]。

図表16 | 変形労働時間制の有無および種類別採用割合

-%-

区　分	合　計	採用している	変形労働時間制の種類（複数回答）			採用していない
			1年単位	1カ月単位	フレックスタイム制	
2020年調査計	100.0	59.6	33.9	23.9	6.1	40.4
1,000 人以上	100.0	**77.9**	22.6	50.6	28.7	22.1
300～999人	100.0	**72.5**	28.4	41.2	13.8	27.5
100～299人	100.0	**64.4**	33.1	30.1	9.0	35.6
30～ 99人	100.0	**56.2**	35.1	19.3	3.7	43.8
2019年調査計	100.0	62.6	35.6	25.4	5.0	37.4

資料出所：厚生労働省「2020年就労条件総合調査」を基に一部加工して作成
〔注〕 変形労働時間制を「採用している」には、「1週間単位の非定型的変形労働時間制を採用している」企業を含む。

2 1カ月単位の変形労働時間制

　対象期間を1カ月以内に定め、その期間内において、1週間当たりの労働時間の平均が法定の範囲内に収まっていれば、特定の日に8時間、特定の週に40時間（特例措置対象事業場の場合は44時間）を超えて働かせることができる制度です。対象期間は1カ月以内であれば4週間なり、3週間とすることも可能です。ただし、1週間当たりの平均労働時間を問われることになるので、2週間以上ないと成り立ちません。

　例えば、月末が忙しく、月初に余裕のある会社であれば、月末の労働時間を法定労働時間よりも長く設定したり、通常休みにしている土曜日を勤務日にしたりするなどの措置が可能となります。このとき、法定労働時間を超えているからといって割増賃金を支払う必要はありません。その代わりに、月初の労働時間を減らすなどして、当該1カ月間における1週間当たりの平均所定労働時間が法定の枠内に収まるように調整をすることとなります。なお、変形労働時間制によって定められた所定労働時間を超えてさらに労働させた場合には、当然ですが、当該超過部分

について割増賃金を支払う必要があります。

　この制度を導入するためには、過半数組合ないし過半数代表者と労使協定を締結し、所轄の労基署長にその旨の届け出をする方法と、単に就業規則等で定めるだけという方法があります。変形労働時間制の中で唯一、就業規則等の定めだけで導入できるため、お手軽であり、実務上多くの企業に利用されています。

3　1年単位の変形労働時間制

[1]　制度の概要

　対象期間を1カ月以上1年以内に定め、その期間内において、1週間当たりの労働時間の平均が法定の範囲内に収まっていれば、特定の日に8時間、特定の週に40時間を超えて働かせることができる制度です。ただし、1日の所定労働時間は10時間（タクシー業の隔日勤務の場合は16時間〔労基法施行規則66条〕）、1週の所定労働時間は52時間が限度とされています。対象期間が3カ月を超える場合はさらに規制が厳しくなり、48時間を超える週は連続3回まで、かつ、3カ月間に3回まで（ただし、積雪地域において一定の業務に従事する者は除く）とされ、年間の所定労働日数も280日が限度となります（労基法32条の4第3項、同法施行規則12条の4第3項、4項）。

　また、連続して労働させることができる日数についても限度が定められており、原則6日、特定期間においては12日までとされています（労基法32条の4第3項、同法施行規則12条の4第5項）。なお、特例措置対象事業場の優遇措置（週平均を44時間以内とすること）はありません。

特定期間

　対象期間中の特に業務が繁忙な期間をいう。対象期間中、任意の期間を特定期間として定めることができ、複数の期間を特定期間として定めることも可能（労基法 32 条の 4 第 1 項 3 号）。

[2] 利用に適した事業

　この制度を利用することができるのは、突発的な仕事により超過勤務をする必要はほとんどないが、季節や月によって繁閑の差がある事業場です。恒常的に残業が多い事業場で導入すると、逆に経営者の首を絞めることになります。

　例えば、「スキー場」や「海の家」など、季節によって繁閑の差がある場合、忙しい時季については法定労働時間を超える所定労働時間を設定しつつ、手すきの時季にその分所定労働時間を少なく設定するなどして、1 年間で平均した場合に、1 週当たりの労働時間の平均が 40 時間以内となるのであれば、忙しい時季の法定労働時間を超える所定労働時間について、割増賃金を支払う必要はありません。ただし、一度設定した所定労働時間を超える労働が行われた場合には、当該超過部分について割増賃金を支払う必要があります。したがって、恒常的に残業が行われている事業場で導入するメリットは全くありません。

　なお、対象期間は 1 カ月以上 1 年以内であれば任意の長さに設定することができますが、対象期間の途中で入社したり、退職した人については、在職していた期間だけで所定労働時間の平均をとり、それが週 40 時間を超えている場合には、別途割増賃金を支払う必要があります（労基法 32 条の 4 の 2）。また、この制度を導入するためには、必ず過半数組合ないし過半数代表者と労使協定を締結し、労基署長にその旨の届け出をする必要があります。

4 1週間単位の非定型的変形労働時間制

　規模30人未満の小売業、旅館、料理・飲食店の事業において、1週間単位で毎日の労働時間を弾力的に定めることができる制度です。この制度を導入することにより、1日10時間まで割増賃金の支払いを要することなく労働させることができるようになります。ただし、1週の平均所定労働時間が40時間以内となること（特例措置対象事業場の優遇措置はありません）、過半数組合または過半数代表者と労使協定を締結し、その旨を所轄の労基署長に届け出ること、1週間の各日の労働時間を当該1週間の開始する前（緊急でやむを得ない事由があり、あらかじめ通知した労働時間を変更する場合は前日まで）に、書面で、当該労働者に通知することが必要です。

5 フレックスタイム制

[1] 制度の概要

　始業および終業の時刻の決定を労働者の裁量に委ねることにより、清算期間を平均し、週40時間を超えない範囲内において、特定の日または週において法定労働時間を超えて労働させることができる制度です。法律上の要請ではありませんが、実務上は、1日の労働時間帯を、労働者が必ず労働しなければならない時間帯（コアタイム）と、労働者がその選択により労働することができる時間帯（フレキシブルタイム）とに分けて実施するのが一般的です　[図表17]。ちなみに、コアタイムのないフレックスタイム制をスーパーフレックスタイム制といいます。

[2] 留意事項

　この制度を導入するためには、就業規則等でフレックスタイム制を採用することを定めた上で、一定の事項について労使協定を締結する必要

図表 17 | コアタイム・フレキシブルタイムの設定の例

資料出所：厚生労働省「フレックスタイム制のわかりやすい解説＆導入の手引き」

があります。なお、清算期間については、これまで1カ月以内とされて
きましたが、法改正が行われ、2019 年 4 月より、3 カ月を超えない範囲
とされることになりました。また、清算期間が 1 カ月以内の場合は労使
協定の届け出は不要でしたが、1 カ月を超える場合には所轄の労基署長
に届け出をしなければならなくなりました（労基法 32 条の 3 第 4 項）。

　さらに、1 カ月を超える期間を清算期間と定めた場合、各月の上限時
間については、清算期間の開始の日以後 1 カ月ごとに区分した期間ごと
に、当該各期間を平均し 1 週間当たりの労働時間が 50 時間を超えない
ようにしなければなりません。当然のことながら、これを超過した場合
は、法定の割増賃金を支払う必要があります［図表 18］。

図表 18 | 清算期間が 1 カ月を超えるフレックスタイム制での賃金支払いのイメージ

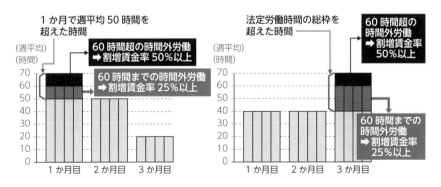

資料出所：厚生労働省「フレックスタイム制のわかりやすい解説＆導入の手引き」を基に一部加工して作成

5 みなし労働時間制（事業場外みなし労働、裁量労働）

1 みなし労働時間制

4 の変形労働時間制、フレックスタイム制は、一定期間において、平均して法定労働時間を満たせば、特定の日、週において法定労働時間を超過してもよい、という制度でしたが、みなし労働時間制（事業場外みなし労働と裁量労働）は、少し違うアプローチで、法定労働時間の超過を許容する制度です。

「みなす」とは、「本当は（実際は）少し違ったとしても、いったんこうと決めた以上、こういうことにしますよ」という取り扱いをすることをいいます。例えば、ある業務に従事する人の労働時間を1日8時間と「みなした」とします。そうすると、実際は9時間であっても、あるいは7時間であっても、8時間として扱うことになるわけです。

2 事業場外みなし労働時間制

[1] 制度の概要（労基法38条の2）

労働者が業務の全部または一部を事業場外で従事し、使用者の指揮監督が及ばないために、当該業務に係る労働時間の算定が困難な場合に、使用者のその労働時間に係る算定義務を免除し、その事業場外労働については「特定の時間」を労働したとみなすことのできる制度です。

「特定の時間」は、原則所定労働時間になりますが、当該業務を遂行するためには通常所定労働時間を超えて労働することが必要となる場合においては、「当該業務の遂行に通常必要とされる時間」（実際に必要とされる時間を平均した時間）となります。なお、労使協定を締結して通常必要とされる時間を定めることもできますが、その場合は当該協定を所轄の労基署長に届け出る必要があります。このとき、36協定と事業

場外労働の協定、それぞれにつき届け出書（様式9号〔特別条項を付す場合は様式9号の2〕と様式12号）を提出することになるのですが、適用猶予事業・業務については、猶予期間中（2024年3月31日まで）、従来の様式にならい、両者を1枚にまとめたもの（様式9号の5）を利用することとされています。

　この制度が適用されると、その日の労働時間は「みなし」となるため、例えば実際の労働時間が9時間であったとしても、みなし時間を所定労働時間である8時間としていた場合には、8時間働いたものとみなされ、割増賃金を支払う必要はありません。仮にみなし時間を9時間としていた場合には、実際の労働時間が8時間であったとしても1時間分の割増賃金を支払う必要があります。

[2] 適用対象者

　一見、便利な制度のように思えますが、この制度を適用できる対象者にはあくまでも「事業場外で業務に従事するため」「使用者の具体的な指揮監督が及ばず、労働時間の算定が困難」という条件が付きます。したがって、事業場外であっても数人のグループで行動しており、その中に時間管理をするリーダーなどがいる場合や、いったん会社に出社してから外出する場合、会社に戻って日報を作成してから帰宅する場合、あらかじめ定められたスケジュールどおりに行動する場合等、管理が可能な場合にはこの制度を利用して「みなし時間」とすることはできません。

　また、この制度が創設された1980年代であればともかく、現在はスマートフォンや携帯電話が普及しており、よほどの山奥やトンネル内部等でもない限り、通信圏外となることもまずないでしょう。電話やメール等で始業、終業の報告が可能であれば、「労働時間の算定が困難」とはいえません。この制度を利用して「外勤の営業社員には営業手当だけ支払っていれば残業代を支払う必要はない」と考えるのは間違いです。

[3] 在宅勤務での活用

現在、この制度を効果的に利用できるのは、いわゆる「在宅勤務」です。次の3要件をいずれも満たす場合には、この制度を適用することができると解されています（平16.3.5　基発0305001　最終改正：平20.7.28　基発0728002）。

①当該業務が、起居寝食等私生活を営む自宅で行われること

②当該情報通信機器が、使用者の指示により常時通信可能な状態におくこととされていないこと

③当該業務が、随時使用者の具体的な指示に基づいて行われていないこと

ただし、例えば、労働契約において、午前中の9時から12時までを勤務時間とした上で、労働者が私生活を営む自宅内で仕事を専用とする個室を確保するなど、勤務時間帯と日常生活時間帯が混在することのないような措置を講ずる旨の在宅勤務に関する取り決めがなされた上で、随時使用者の具体的な指示に基づいて業務を行う場合は、労働時間を算定し難いとはいえません。よって、事業場外労働に関するみなし労働時間制は適用されないことになります。

3 専門業務型裁量労働制

[1] 制度の概要（労基法38条の3）

業務の性質上、業務遂行の手段や方法、時間配分等を大幅に労働者の裁量に委ねる必要がある業務として、厚生労働省令および厚生労働大臣告示によって定められた19業務の中から、対象となる業務を労使で定め、労働者を実際にその業務に就かせた場合、労使であらかじめ定めた時間働いたものとみなす制度です。この制度を導入する場合にはその旨を就業規則等で定めた上で、一定の事項について労使協定を締結し、所轄の労基署長に届け出る必要があります。

実際に働いた時間が何時間であろうと、労使協定で定められた「みなし時間」を働いたものと扱えば足りるので、例えばある日の勤務が実働12時間であったとしても、「みなし時間」が8時間であれば、割増賃金を支払う必要はありません。逆に実働1時間であったとしても、その日は8時間働いたものとして賃金を支払う必要があります。

　みなし時間を1日9時間とした場合には、法定労働時間を1時間超過していますので、実働時間が何時間であろうと、通常の賃金のほか、1時間分の割増賃金を支払う必要があります。

[2] 対象業務

　この制度も一見便利なように思えるのですが、対象業務［図表19］が決まっているため、安易に利用することはできませんし、対象業務を担当していたとしても、実務上はプロジェクトリーダーの指揮命令に従い、補助業務や雑務を行う労働者には適用できません。例えば、「情報処理システムの分析、設計業務」［図表19］の(2)を行う部署に所属する労働者であっても、上司から具体的指示を受けてプログラミングの業務を行うシステムエンジニアには、この制度は適用できません（昭63.3.14　基発150・婦発47　最終改正：平12.1.1　基発1）。

④　企画業務型裁量労働制

[1] 制度の概要（労基法38条の4）

　事業運営上の重要な決定が行われる企業の本社などにおいて企画、立案、調査および分析を行う労働者を対象とし、労使委員会で決議した時間を労働したものとみなす制度です。労働時間の「みなし」となるため、実際に働いた時間が何時間であろうと、労使委員会で決議した時間が法定労働時間の範囲に収まるものであれば、別途割増賃金を支払う必要はありません。しかし、安易に導入されることがないよう、専門業務型裁

図表 19 専門業務型裁量労働制対象業務

(1) 新商品もしくは新技術の研究開発または人文科学もしくは自然科学に関する研究の業務

(2) 情報処理システム（電子計算機を使用して行う情報処理を目的として複数の要素が組み合わされた体系であってプログラムの設計の基本となるものをいう。(7)において同じ）の分析または設計の業務

(3) 新聞もしくは出版の事業における記事の取材もしくは編集の業務または放送法（昭和 25 年法律 132 号）2 条 4 号に規定する放送番組もしくは有線ラジオ放送業務の運用の規正に関する法律（昭和 26 年法律 135 号）2 条に規定する有線ラジオ放送もしくは有線テレビジョン放送法（昭和 47 年法律 114 号）2 条 1 項に規定する有線テレビジョン放送の放送番組（以下「放送番組」と総称する）の制作のための取材もしくは編集の業務

(4) 衣服、室内装飾、工業製品、広告等の新たなデザインの考案の業務

(5) 放送番組、映画等の制作の事業におけるプロデューサーまたはディレクターの業務

(6) 広告、宣伝等における商品等の内容、特長等に係る文章の案の考案の業務（いわゆるコピーライターの業務）

(7) 事業運営において情報処理システムを活用するための問題点の把握またはそれを活用するための方法に関する考案もしくは助言の業務（いわゆるシステムコンサルタントの業務）

(8) 建築物内における照明器具、家具等の配置に関する考案、表現または助言の業務（いわゆるインテリアコーディネーターの業務）

(9) ゲーム用ソフトウェアの創作の業務

(10) 有価証券市場における相場等の動向または有価証券の価値等の分析、評価またはこれに基づく投資に関する助言の業務（いわゆる証券アナリストの業務）

(11) 金融工学等の知識を用いて行う金融商品の開発の業務

(12) 学校教育法（昭和 22 年法律 26 号）に規定する大学における教授研究の業務（主として研究に従事するものに限る）

(13) 公認会計士の業務

(14) 弁護士の業務

(15) 建築士（一級建築士、二級建築士および木造建築士）の業務

(16) 不動産鑑定士の業務

(17) 弁理士の業務

(18) 税理士の業務

(19) 中小企業診断士の業務

量労働制よりも適用要件が厳しく、さらに導入の手続きも厳格になっています。

[2] 対象事業場

まず、対象となる事業場は、本社、本店等、事業の運営に大きな影響を及ぼす決定が行われる事業場等に限られます［図表20］。個別の製造等の作業や当該作業に係る工程管理のみを行っている事業場や、本社・本店等から具体的な指示を受けて、個別の営業活動のみを行っている事業場では、この制度を導入することはできません。

[3] 対象業務・対象労働者

次に対象業務についても、事業の運営に関する事項についての業務であり、大幅に労働者の裁量に委ねる必要があることなどの要件を満たす必要があり、対象労働者についても、相応する知識、経験を有する者でなければならないという要件があります［図表21］。単に企画立案を担当する労働者であれば適用できる、という制度ではありません。

図表20│企画業務型裁量労働制対象事業場
（対象業務が存在する以下のいずれかの事業場であること）

① 本社・本店である事業場
② ①のほか、次のいずれかに掲げる事業場
（1） 当該事業場の属する企業等に係る事業の運営に大きな影響を及ぼす決定が行われる事業場
（2） 本社・本店である事業場の具体的な指示を受けることなく、独自に当該事業場に係る事業の運営に大きな影響を及ぼす事業計画や営業計画の決定を行っている支社・支店等である事業場

対象業務 （すべてに該当する 業務であること）	①事業の運営に関する事項（対象事業場の属する企業・対象事業場に係る事業の運営に影響を及ぼす事項）についての業務であること
	②企画、立案、調査および分析の業務（企画、立案、調査および分析という相互に関連し合う作業を組み合わせて行うことを内容とする業務であって、部署が所掌する業務ではなく、個々の労働者が担当する業務）であること
	③当該業務の性質上これを適切に遂行するにはその遂行の方法を大幅に労働者の裁量に委ねる必要がある業務であること
	④当該業務の遂行の手段および時間配分の決定等に関し、使用者が具体的な指示をしないこととする業務であること
対象労働者 （いずれにも該当する 労働者であること）	①対象業務を適切に遂行するための知識、経験等を有する労働者
	②対象業務に常態として従事している者

[4] 労使委員会

　また、導入するには、労使委員会を設置し、一定の事項について決議（出席委員の 5 分の 4 以上の多数による決議）をする必要があります。さらに、その決議を所轄の労基署長に届け出た上で、対象労働者の同意を得る、というプロセスが必要になります。

　導入後も、対象労働者の健康・福祉確保の措置を実施し、その状況を上記労使委員会の決議から 6 カ月以内に所轄の労基署長に対して報告する等の手続きが必要となります。

　労使委員会

　　賃金、労働時間その他の労働条件に関する事項を調査審議し、事業主に対し意見を述べ、使用者およびその事業場の労働者を代表する者が構成員となる委員会のこと。使用者側代表委員は使用者側の指名により選出されるが、労働者側代表委員は過半数組合ないし過半数代表者から任期を定めて指名を受ける必要がある（138 ページ参照）。

労使委員会で決議できる事項

労使委員会は、企画業務型裁量労働制を導入するためだけの存在ではありません。ほかにも賃金、労働条件等についてさまざまな決議をすることができ、その決議には、労使協定（75ページ参照）に代わる効力が認められています（労基法38条の4第5項。[図表22]）。ほとんどの決議は届け出までは必要ないのですが、時間外労働・休日労働に関する決議（36協定に代わるもの）だけは、所轄の労基署長への届け出が必要とされています。なお、この場合、様式9号（特別条項を付す場合は様式9号の2）を使用し、委員の5分の4以上の多数による議決により行われたものである旨、委員会の委員数、委員の氏名を記入した用紙を別途添付の上、届け出るものとされています。ただし、適用猶予事業・業務については、猶予期間中（2024年3月31日まで）、従来の様式にならい、これらを1枚にまとめたもの（様式9号の6）を利用することとされています。

図表22 │ **労使協定の代わりに労使委員会で決議できる事項**

制　　　度	届け出の要否 （○・×）
1カ月単位の変形労働時間制（労基法32条の2第1項）	×
フレックスタイム制（労基法32条の3第1項）	×
1年単位の変形労働時間制（労基法32条の4第1項）	×
1週間単位の非定型的変形労働時間制（労基法32条の5第1項）	×
一斉休憩の適用除外（労基法34条2項ただし書き）	×
時間外労働・休日労働（労基法36条1項）	○
60時間超の時間外労働に対する代替休暇制度（労基法37条3項）	×
事業場外みなし労働時間制（労基法38条の2第2項）	×
専門業務型裁量労働制（労基法38条の3第1項）	×
年次有給休暇の時間単位付与（労基法39条4項）	×
年次有給休暇の計画的付与（労基法39条6項）	×
年次有給休暇の賃金を健康保険の標準報酬日額とする措置 （労基法39条9項ただし書き）	×

1 高度プロフェッショナル制度

　特定高度専門業務・成果型労働制（いわゆる「高度プロフェッショナル制度」労基法 41 条の 2）とは、高度な専門的知識を必要とするとともに、従事した時間と成果との関連性が高くないと認められる業務（対象業務）に従事する、一定の要件を満たす労働者（対象労働者）について、法定の手続きを経ることにより、労働時間、休憩、休日、および深夜労働の割増賃金に関する規定を適用しないという制度です [**図表 23**]。

2 制度導入の要件

　高度プロフェッショナル制度を導入するには、企画業務型裁量労働制の場合と同様に、労使委員会を設置し、一定の事項について決議（出席委員の 5 分の 4 以上の多数決）をする必要があります [**図表 24**]。さらに、その決議を労基署長に届け出た上で、対象労働者の同意を得る、というプロセスが必要になります。

図表 23 ｜ **高度プロフェッショナル制度対象業務・対象労働者**

対象業務 (いずれかに該当する業務。ただし、使用者から具体的指示を受けて行うものは含まない)	①金融商品の開発業務 ②金融商品のディーリング業務 ③アナリスト業務（企業・市場等の高度な分析業務） ④コンサルタント業務（事業・業務の企画運営に関する高度な考案または助言の業務） ⑤新たな技術、商品または役務の研究開発業務
対象労働者 (いずれも満たすこと)	①使用者との間の合意に基づき職務が明確に定められていること ②年収見込み額が 1075 万円以上であること

図表 24 | 労使委員会の決議事項

決議要件	以下の 10 項目につき、出席委員の 5 分の 4 以上の多数による決議
決議事項	①対象業務
	②対象労働者の範囲
	③対象労働者の健康管理時間を把握することおよびその把握方法
	④対象労働者に年間 104 日以上、かつ、4 週間を通じ 4 日以上の休日を与えること
	⑤対象労働者の選択的措置
	⑥対象労働者の健康管理時間の状況に応じた健康・福祉確保措置
	⑦対象労働者の同意の撤回に関する手続き
	⑧対象労働者の苦情処理措置を実施することおよびその具体的内容
	⑨同意をしなかった労働者に不利益な取り扱いをしてはならないこと
	⑩その他厚生労働省令で定める事項（決議の有効期間等）

　しかし、この制度を利用しても「時間数を把握する必要がなくなる」ということにはなりません。労働時間の代わりに「健康管理時間」を把握する必要があるからです。さらに、対象労働者に必要な休日を与え、選択的措置、および、健康・福祉確保の措置を実施し、これらの状況を前記労使委員会の決議から 6 カ月以内に所轄の労基署長に対して報告するなどの手続きが必要となります。

健康管理時間

　対象労働者が「事業場内にいた時間」と「事業場外において労働した時間」との合計時間をいう。タイムカード等、客観的な記録により把握することとされているが、事業場外等やむを得ない理由があるときは、自己申告によることも可能。

選択的措置

　次のいずれかに該当する措置を決議で定め、実施しなければならない。
①勤務間インターバルの確保（11 時間以上）＋深夜業の回数制限（1 カ月に 4 回以内）

②健康管理時間の上限措置（1 週間当たり 40 時間を超えた時間について、1 カ月について 100 時間以内または 3 カ月について 240 時間以内とすること）

③1 年に 1 回以上の連続 2 週間の休日を与えること（本人が請求した場合は連続 1 週間 ×2 回以上）

④臨時の健康診断（1 週間当たり 40 時間を超えた健康管理時間が 1 カ月当たり 80 時間を超えた労働者または申し出があった労働者が対象）

　この制度は、働き方改革関連法による改正で、2019 年 4 月より実施可能となりましたが、対象業務も限られており、また対象労働者の年収要件も厳しいことから、この制度を実際に導入している例はまだ少ないようです [図表 25]。

図表 25 ｜ **高度プロフェッショナル制度に関する届け出状況**（2020 年 12 月末時点）

件数	労 働 者 数		
	業務別労働者数		
26 件 938人	①金融工学等の知識を用いて行う金融商品の開発の業務	3人	
	②資産運用の業務又は有価証券の売買その他の取引の業務のうち、投資判断に基づく資産運用の業務、投資判断に基づく資産運用として行う有価証券の売買その他の取引の業務又は投資判断に基づき自己の計算において行う有価証券の売買その他の取引の業務	63人	
	③有価証券市場における相場等の動向又は有価証券の価値等の分析、評価又はこれに基づく投資に関する助言の業務	44人	
	④顧客の事業の運営に関する重要な事項についての調査又は分析及びこれに基づく当該事項に関する考案又は助言の業務	823人	
	⑤新たな技術、商品又は役務の研究開発業務	5人	

資料出所：厚生労働省「高度プロフェッショナル制度に関する届出状況（令和 2 年度）」を基に一部加工して作成

7 育児・介護のための制限

1 所定外労働の制限 （育児・介護休業法※16条の8、9）

　3歳未満の子を養育する労働者、または、要介護状態の対象家族の介護を行う労働者（日々雇用される労働者は除く）が請求した場合においては、事業の正常な運営を妨げる場合を除き、所定労働時間を超える労働をさせることができません。ただし、労使協定をあらかじめ交わしておくことで、入社1年未満の労働者および1週間の所定労働日数が2日以下の労働者からの請求を拒むことはできます。

　※　育児休業、介護休業等育児又は家族介護を行う労働者の福祉に関する法律

2 時間外労働の制限 （育児・介護休業法17条、18条）

　小学校就学の始期に達するまでの子を養育する労働者、または、要介護状態の対象家族の介護を行う労働者が請求した場合においては、事業の正常な運営を妨げる場合を除き、1カ月24時間、1年150時間を超える時間外労働をさせることはできません。ただし、労使協定がなくとも、日々雇用される労働者、入社1年未満の労働者、1週間の所定労働日数が2日以下の労働者からの請求を拒むことはできます。

3 深夜業の制限 （育児・介護休業法19条、20条）

　小学校就学の始期に達するまでの子を養育する労働者、または、要介護状態の対象家族の介護を行う労働者が請求した場合においては、事業の正常な運営を妨げる場合を除き、午後10時〜午前5時までの間、労働をさせることはできません。ただし、労使協定がなくとも、日々雇用される労働者、入社1年未満の労働者、1週間の所定労働日数が2日以

下の労働者、保育または介護ができる 16 歳以上の一定の同居家族がいる労働者、および、所定労働時間の全部が深夜にある労働者からの請求を拒むことはできます。

8 その他、残業を命じることができない労働者

1 年少者

　18 歳未満の労働者については、労基法 36 条の適用が排除されているため、原則として時間外労働および休日労働を命じることができません（労基法 60 条 1 項）。ただし、満 15 歳以上（満 15 歳に達した日以後の最初の 3 月 31 日までを除く）で満 18 歳に満たない者については、1 週 40 時間を超えない範囲において、1 日の労働時間を 4 時間以内に短縮することにより他の日の労働時間を 10 時間まで延長すること、あるいは、1 日 8 時間を超えない範囲において 1 カ月または 1 年単位の変形労働時間制を採用することにより特定の週の労働時間を一時的に 48 時間とすることができます（同条 3 項、労基法施行規則 34 条の 2 の 4）。さらに、労基法 33 条の規定は同法 60 条で排除されていないため、非常災害の場合は、理論上、年少者に対して同法 33 条の規定により時間外労働ないし休日労働を命じることができます。

　なお、労基法 60 条 3 項による場合も、同法 33 条による場合も、いずれも同法 36 条とは無関係ですので、36 協定は必要ありません。とはいえ、本来学業を優先させるべき年少者に労働をさせること自体、酷なのですから、できる限り時間外労働を命ずることのないようにすべきでしょう。

　また、未成年者の深夜業については、交替制によって満 16 歳以上の男性を使用する場合を除き、禁止されています（労基法 61 条 1 項）。

2 妊産婦

　妊産婦から請求があった場合には、時間外労働、休日労働、深夜労働のすべてが禁止されます（労基法66条2項、3項）。変形労働時間制を導入している場合でも、法定労働時間を超える労働をさせることはできません（同条1項）。

　また、年少者の場合と異なり、非常災害の場合でも時間外労働や休日労働をさせることはできません（同条2項）。

> **妊産婦**
> 　妊娠中の女性および産後1年を経過しない女性をいう（労基法64条の3第1項)。

9 有害業務

　坑内労働その他厚生労働省令で定める健康上特に有害な業務については、1日につき2時間を超える時間外労働を命じることができません（労基法36条6項1号）。なお、この規定に反する場合には6カ月以下の懲役または30万円以下の罰金という罰則の適用があります（労基法119条）。

> **健康上特に有害な業務**（労基法施行規則18条）
> ①多量の高熱物体を取り扱う業務および著しく暑熱な場所における業務
> ②多量の低温物体を取り扱う業務および著しく寒冷な場所における業務
> ③ラジウム放射線、エックス線その他の有害放射線にさらされる業務
> ④土石、獣毛等のじんあいまたは粉末を著しく飛散する場所における業務
> ⑤異常気圧下における業務

⑥削岩機、鋲打機等の使用によって身体に著しい振動を与える業務

⑦重量物の取り扱い等重激なる業務

⑧ボイラー製造等強烈な騒音を発する場所における業務

⑨鉛、水銀、クロム、砒素、黄りん、弗素、塩素、塩酸、硝酸、亜硫酸、硫酸、一酸化炭素、二硫化炭素、青酸、ベンゼン、アニリン、その他これに準ずる有害物の粉じん、蒸気またはガスを発散する場所における業務

⑩前各号のほか、厚生労働大臣の指定する業務

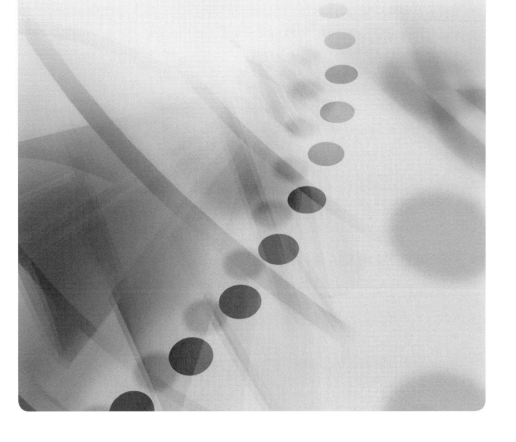

第2章

36協定のはなし

1 「36協定」にまつわる基本的事項

1 「労使協定」と「36協定」

　一般に、過半数組合または過半数代表者と使用者との間で取り決めした内容を書面化したものを「労使協定」といいます。労基法その他の関係法規の定めに基づき、作成または届け出をすることで一定の効果が生ずることになります。その代表的なものが「36協定」（時間外労働・休日労働に関する協定）や「24協定」（労基法24条1項に関する賃金控除に関する協定）です。

　労使協定の種類はさまざまです [図表26]。作成の要否、届け出の要否もまちまちですが、法が労使協定を要求する趣旨は、使用者の専権で進めるのではなく、労働者の意向も取り入れることにあると思われます。したがって、労働者の保護がより強く求められる場合ほど、労使協定の締結が求められる傾向にあるといえるでしょう。さらに、労使協定の締結手続きが適正に行われているかをチェックするために、特定の協定については所轄の労基署長への届け出まで必要とされています。

　中でも、36協定は法定労働時間の大原則を覆す免罪符となるものであることから、より強力なチェック体制が求められます。そこで、唯一「36協定」だけは、労基署長への届け出が効力発生要件とされているのです。

2 36協定の締結、届け出、運用

　上記のとおり、36協定は「労使協定」の一種であり、法定労働時間を超える労働や、法定休日の労働を適法にするために必要なものです。実務としては、36協定の締結、所轄の労基署長への届け出、適切な運用というのがおおまかな流れになります [図表27]。

図表 26 | 労使協定の種類と届け出の要否

労使協定の種類	届け出の要否 (○・×)
貯蓄金の受託管理 (労基法 18 条 2 項)	○
賃金控除 (労基法 24 条 1 項ただし書き)	×
1 カ月単位の変形労働時間制 (労基法 32 条の 2 第 1 項)	○ (就業規則等に定めた場合は作成・届け出不要)
フレックスタイム制 (労基法 32 条の 3 第 1 項)	○ (清算期間が 1 カ月以内の場合は届け出不要)
1 年単位の変形労働時間制 (労基法 32 条の 4 第 1 項)	○
1 週間単位の非定型的変形労働時間制 (労基法 32 条の 5 第 1 項)	○
一斉休憩の適用除外 (労基法 34 条 2 項ただし書き)	×
時間外労働・休日労働 (労基法 36 条 1 項)	○
60 時間超の時間外労働に対する代替休暇制度(労基法 37 条 3 項)	×
事業場外みなし労働時間制 (労基法 38 条の 2 第 2 項)	○ (みなし時間が法定労働時間を超えない場合は作成・届け出不要)
専門業務型裁量労働制 (労基法 38 条の 3 第 1 項)	○
年次有給休暇の時間単位付与 (労基法 39 条 4 項)	×
年次有給休暇の計画的付与 (労基法 39 条 6 項)	×
年次有給休暇の賃金を健康保険の標準報酬日額とする措置 (労基法 39 条 9 項ただし書き)	×

図表 27 │ 36 協定実務の流れ

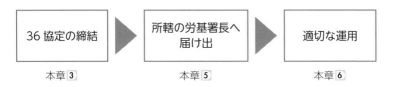

36 協定の締結	所轄の労基署長へ届け出	適切な運用
本章 3	本章 5	本章 6

Column

「労使協定」と「労働協約」

「労使協定」と似て非なるものとして「労働協約」があります [図表 28]。

労働協約とは、賃金、労働時間などの労働条件や、団体交渉、組合活動などの労使関係のルールについて、労働組合と使用者が書面で取り交わした約束事をいいます。このうち、賃金や労働時間、休日・休暇、安全衛生、福利厚生等の労働条件について定めた部分を「規範的部分」といい、就業規則よりも上位の規範的効力が認められます（労働協約に違反する就業規則の規定は部分的に無効となる）。

これに対して、団体交渉のルール等、労働組合と使用者との関係を定めた部分を「債務的部分」といい、労働組合と使用者の双方を拘束することになります。

労使協定と労働協約はそれぞれ異なるものですが、過半数組合と労使協定の対象事項について合意し書面を締結した場合には、それは労働協約であり、かつ、労使協定となります。

図表 28 │ 「労使協定」と「労働協約」の比較

区 分	労使協定	労働協約
締結単位	事業場ごと	事業場ごと、会社全体 いずれも可
締結当事者	過半数組合 過半数代表者	労働組合
効力が及ぶ範囲	当該事業場の全労働者	原則、組合員のみ [注]

[注] 4 分の 3 以上の労働者が加入する労働組合との労働協約であれば、組合員以外の労働者にも規範的部分の効力が拡張適用される（労働組合法 17 条）。

「労使」というからには、「労働者」の代表となる過半数組合もしくは過半数代表者と「使用者」が協定をするのですが、締結当事者となる過半数代表者を選出する方法等、留意点が多々あります（本章 3 で後述）。

　そして、「36協定」は締結して終了ではなく、これを労基署長に届け出る必要があります。36協定は届け出をしないと効力が生じないものとされており、効力を遡及（そきゅう）させることもできませんので、不備や遺漏のないものを適正に届け出る必要があります（本章 5 で後述）。

　さらに、「36協定」は届け出をして終了ではありません。日々の労務管理と密接不可分に関係しており、運用面においてもさまざまな留意点があります。こうした運用上の留意事項については、筆者が実際に相談を受けたトラブルの実例も交え、解説します（本章 6 で後述）。

3　時間外割増率

　36協定の締結、届け出のほか、法定労働時間を超える労働や法定休日の労働が適法となるための二つ目の要件が、割増賃金の支払い（労基法37条）です。割増賃金は、法定された割増率以上で計算した金額を支払わなければならないものとされています。

[1] 法定割増率

　労基法37条1項は、「通常の労働時間又は労働日の賃金の計算額の2割5分以上5割以下の範囲内でそれぞれ政令で定める率以上の率で計算した割増賃金を支払わなければならない」と定めており、この政令は、「労働者の福祉、時間外又は休日の労働の動向その他の事情を考慮して定める」とされています（同条2項）。

　この政令が、「労働基準法第37条第1項の時間外及び休日の割増賃金に係る率の最低限度を定める政令」（平6.1.4　政令5　最終改正：平12.6.7　政令309）で、現在は、時間外労働は25%以上、休日労働は35%

以上と定められています［図表 29、30］。

　ただし、1 カ月 60 時間を超える時間外労働[※1]については、労基法が直接この率を「5 割以上」と規定しており（労基法 37 条 1 項ただし書き）、中小企業には猶予措置が適用されていますが（同法 138 条）、同猶予措置は 2023 年 3 月 31 日をもって廃止されることになりました。

※1　60 時間超の時間外労働の算定には、法定休日（例えば日曜日）に行った労働は含まないが、それ以外の休日（例えば土曜日）に行った法定時間外労働は含めます。

　深夜時間帯[※2]（午後 10 時から午前 5 時まで）については、通常の労働時間における賃金の計算額の 25％以上（時間外労働が深夜に及ぶ場合は 50％以上、休日労働が深夜に及ぶ場合は 60％以上、さらに、深夜に及んだ時間外労働が 1 カ月 60 時間超の場合は 75％以上）の率で計算した割増賃金を支払う必要があります（労基法 37 条 4 項、労基法施行規則 20 条）。

※2　厚生労働大臣が必要であると認める場合においては、その定める地域または期間については午後 11 時から午前 6 時までです。

　なお、管理監督者等、いわゆる残業代を支払う必要のない労働者についても、深夜労働に対する割増賃金は支払う必要があります。

図表 29 ｜ 法定割増率

区　分	労働の内容	割増率
労働日	所定外労働（法内残業）	―
	法定外労働（通常残業）	25％以上
	法定外労働（60 時間超）	50％以上
	深夜労働	25％以上
	時間外＋深夜労働	50％以上
	時間外＋深夜労働（60 時間超）	75％以上
休　日	休日労働	35％以上
	休日＋深夜労働	60％以上

図表 30 │ 割増率のイメージ

【例】時間外労働の割増率 [所定労働時間が午前 9 時から午後 5 時（休憩 1 時間）までの場合]

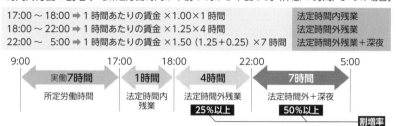

【例】法定休日労働の割増率 [午前 9 時から午後 12 時（休憩 1 時間）まで労働させた場合]

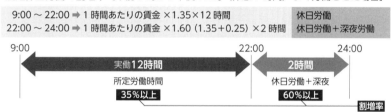

資料出所：東京労働局「『しっかりマスター』労働基準法〈割増賃金編〉」

[2] 法定割増率を超える場合の留意事項

　割増賃金を計算する際、割増率を法定のものより低くすることはできませんが、法定のものより高くすることは可能であり、労働者保護を考えればむしろ法定より高く設定することは望ましいものと思われます。

　しかし、法定の割増率より高く設定する場合、留意しなければならない点があります。それは、割増賃金を支払う労働者の属性によって差別をしない、ということです。例えば、時間外労働の割増賃金を計算する際、正社員に対しては法定の割増率を上回る率とし、契約社員や短時間労働者については法定の割増率どおりとした場合、たとえ、正社員と契約社員との間に職務の内容等の違いが認められたとしても、不合理な取り扱いに該当すると考えられます（同一労働同一賃金ガイドライン　第3の3(5)）。

　労基法 37 条の趣旨は、時間外労働が通常の労働時間に付加された特

━━━ **Column** ━━━

日付が変わる場合の処理

　時間外労働が長引いてそのまま日付をまたいでしまう、ということは少なからず起き得ると思います。この場合、労働時間は通算して計算することになります。

　例えば、所定就労時間が午前9時から午後6時まで（休憩1時間）という事業場において、午後6時以降も残業を行い、日付をまたいで翌日の午前1時まで勤務をした、という場合、この日の時間外労働は7時間となります。午後6時から午後10時までは25％以上、午後10時から翌日の午前1時までは50％以上の割増賃金を支払う必要があります。

　それでは、当該翌日が法定休日だった場合はどうなるでしょうか。労基法では労働日や休日は暦日で考えますので、割増率が変わるのも午前0時ということになります。つまり、先の例で、当該翌日が法定休日だった場合、午後6時から午後10時までは25％以上、午後10時から翌日の午前0時までは50％以上、そして午前0時から午前1時までは法定休日の深夜労働となりますので、60％以上の割増賃金を支払う必要があります。

━━━

別な労働であることから、使用者に経済的負担を課すことにより時間外労働等を抑制することにあると解されています。かかる趣旨からすれば、正社員であるか契約社員であるかを問わず等しく割増賃金を支払うのが相当であり、このことは法定の割増率を上回る場合にも妥当する、と考えられているからです（メトロコマース事件　東京地裁　平29.3.23判決）。同判決は「長期雇用を前提とした正社員に対してのみ（中略）割増率の高い割増賃金を支払うことには合理的な理由をにわかに見いだし難い」と判示しており、同事件の高裁判決（東京高裁　平31.2.20判決）も、「正社員と契約社員Bとでは基礎となる賃金において前者が後者より高いという相違があるのであって、これに加えて割増率においても同様の事情をもって正社員の方が契約社員Bより高いという相違を設けるべき積極的理由があるということはできない」と判示しています。なお、同事件の上告審（最高裁三小　令2.10.13判決）は割増率に関する

争点を上告理由として受理しなかったため、高裁の判断がそのまま確定しています。したがって、法定の割増率を超える割増賃金を支払うのであれば、正社員であるか契約社員、短時間労働者であるかなどを問わず、一律に扱うべきです。

[3] 60時間超の時間外労働に対する代替休暇制度

　60時間超の時間外労働について、法が通常の時間外労働よりも高い割増率を設定しているのは、長時間労働を抑制し、労働者の健康を確保する目的によるものです。よって、労働者の心身を休ませることこそその理にかなうものであることから、割増賃金の支払いに代えて休暇を与えることができます（労基法37条3項）。

　この制度を利用するためには、一定の事項について労使協定を締結する必要があります[図表31]（労使協定例は付録（規定例等）**6**）。なお、この労使協定は事業場において代替休暇の制度を設けることを可能にするものであり、個々の労働者に対して代替休暇の取得を義務づけるものではありません。したがって、制度として代替休暇を選択できるとしても、個々の労働者が実際に代替休暇を取得するか否かは、労働者の意思によることとなります（平21.5.29　基発0529001）。労働者が代替休暇の取得を選択しない場合は、原則どおり割増賃金を支払わなければなりません。

　また、代替休暇により支払いを免れる割増賃金は、あくまでも60時間超となったことによる上乗せの割増率である25％の部分のみとなり

図表31 ｜ 労使協定で定める一定の事項

労使協定で定める事項	●代替休暇の時間数の具体的な算定方法 ●代替休暇の単位 ●代替休暇を与えることができる期間 ●代替休暇の取得日の決定方法、割増賃金の支払日

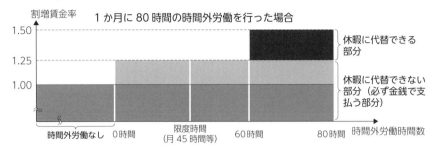

資料出所：厚生労働省「改正労働基準法のあらまし」を基に一部加工して作成

ます。150％の割増賃金全体の支払いを代替休暇に代えることはできません [図表 32]。

　代替休暇は、まとまった単位で与えることで労働者の休息の機会を確保する観点から「1 日単位」「半日単位」「1 日または半日単位」のいずれかによって与えることとされています。

　さらに、代替休暇は、特に長い時間外労働を行った労働者の休息の機会の確保が目的ですので、一定の近接した期間内に与えられる必要があります。法定時間外労働が 1 カ月 60 時間を超えた月の末日の翌日から 2 カ月間以内の期間で与える必要があります。

　なお、この制度は休日出勤をした場合に、事後的に無給の休日を与えることで、割増賃金のうち 100％部分の支払いを免れることになる「代休」とは異なります。

4　罰則

[1] 刑事罰

　労基法は刑罰法規です。罰則が規定されており、違反者は刑事手続きにのっとり、刑罰を受ける場合があります（労基法 117 〜 120 条）。また、違反者が、事業主のために行為した代理人、使用人その他の従業者

である場合においては、違反者のみならず、事業主に対しても罰金刑が科されます（同法121条）。

　労基法は、主に4段階の刑罰を規定しており、一番重い刑は、1年以上10年以下の懲役または20万円以上300万円以下の罰金です。現代の

図表33│主な刑事罰の内容

刑　事　罰	労基法の違反内容
1年以上10年以下の懲役または20万円以上300万円以下の罰金	● 強制労働
1年以下の懲役または50万円以下の罰金	● 中間搾取 ● 最低年齢 ● （年少者、女性）坑内労働
6カ月以下の懲役または30万円以下の罰金	● 法定労働時間 ● 休憩 ● 法定休日 ● 有害業務の1日2時間超の時間外労働 ● 1カ月100時間以上、2～6カ月平均80時間超の時間外・休日労働 ● 割増賃金 ● 年次有給休暇（時季指定義務を除く）　　　　など
30万円以下の罰金	● 1カ月単位の変形労働時間制の労使協定の届け出 ● 1カ月超フレックスタイム制の労使協定の届け出 ● 1年単位の変形労働時間制の労使協定の届け出 ● 1週間単位の非定型的変形労働時間制の労使協定の届け出 ● 1週間単位の非定型的変形労働時間制を導入する場合の通知 ● 災害等による臨時の必要がある場合の時間外労働等の届け出 ● 事業場外労働の労使協定の届け出 ● 専門業務型裁量労働制の労使協定の届け出 ● 年次有給休暇の時季指定義務 ● 36協定の周知　　　　など

日本では少し考えにくいですが、労働者の意思に反して強制労働をさせた場合（労基法5条違反）に科される刑罰です。

労働時間、休憩、休日、割増賃金等に関する違反については、3番目に重い刑（6ヵ月以下の懲役または30万円以下の罰金）、もしくは4番目に重い刑（30万円以下の罰金）が科されます。本書のテーマに関連する主なものを［図表33］に示します。

[2] 民事罰

労基法の規定に違反して、残業代の支払いを怠ったり、長時間労働の事実を知りながらなんらの対策も取らなかったために、労働者が障害を負ったり、過労死したり、あるいは、過労自殺をしてしまった場合等には、労働者もしくは遺族から民事訴訟を提起され、未払い賃金の請求や、安全配慮義務違反ないし不法行為に基づく損害賠償請求を受ける可能性があります。

なお、未払い賃金については、裁判所の裁量で、最大で未払い額と同額の付加金の支払いを命じられる場合もあります（労基法114条）。

2 「36協定」の締結が必要なとき、そうでないとき

1 36協定だけでは「残業を命じる」ことはできない

労働者に対し、法定労働時間を超える労働（いわゆる残業）、休日労働を行わせるためには「36協定の締結」と「割増賃金の支払い」が必要である、ということは前述しました。ここでは36協定の法的意義について、もう少し掘り下げてみましょう。

36協定には労基法32条違反等の免罰効果しかなく、労働者に時間外労働を命じる根拠は就業規則等によらなければならないと解されています［図表34］。

図表 34 | 36 協定だけでは「残業を命じる」ことはできない

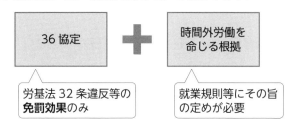

　順を追って説明します。そもそも、36 協定は、労基法 32 条や同法 35 条の違反、すなわち、法定労働時間を超える労働や法定休日の労働について、これを例外的に許容する免罪符となるものです。しかし、あくまでも免罪符（ペナルティーを課されないというもの。いわば「許可証」）であって、労働者に対して「残業をしてください」と命じる根拠は別に必要である、と考えられているのです。この点、裁判例でも「使用者が、当該事業場の労働者の過半数で組織する労働組合等と書面による協定（いわゆる 36 協定）を締結し、これを所轄労働基準監督署長に届け出た場合において、使用者が当該事業場に適用される就業規則に当該 36 協定の範囲内で一定の業務上の事由があれば労働契約に定める労働時間を延長して労働者を労働させることができる旨定めているときは、当該就業規則の規定の内容が合理的なものである限り、それが具体的労働契約の内容をなすから、右就業規則の規定の適用を受ける労働者は、その定めるところに従い、労働契約に定める労働時間を超えて労働をする義務を負うものと解する」と判示されています（日立製作所事件　最高裁一小　平 3.11.28 判決）。

　したがって、労働者に対して残業や休日出勤（法定休日の労働）を命じるためには、単に 36 協定があるというだけでは足りず、就業規則等に所定労働時間を超える労働を命じる場合や、法定休日に労働を命じる場合があることを明記しておくか、個別労働契約において時間外労働等を命じる場合がある旨をあらかじめ合意しておく必要があります。

2 どんなときに 36 協定が必要か

　それでは、具体的な場面を想定して 36 協定の要否を考えていきましょう。

[1] 法内残業

　所定労働時間が法定労働時間を下回る場合（例えば 1 日 7 時間）、所定労働時間を超えるが法定労働時間内に収まる残業を「法内残業」または「所定外労働」といいます。ではこの「法内残業」について、36 協定は必要でしょうか。

　結論からいうと、36 協定は不要です。36 協定はあくまでも労基法 32 条違反等の免罰効果しかないため、そもそも労基法 32 条違反とならない法内残業については、36 協定を必要とする理由がないからです。

　ただし、上述したとおり、36 協定には免罰効果しかありませんから、法内残業を命じる根拠は就業規則等に別に定めておく必要があります。

> × 不要。ただし、法内残業を命じる場合は就業規則等の定めが必要

[2] 持ち帰り残業

　就業時間内に仕事が片付かず、帰宅してから自宅のパソコンで仕事の続きをする、といったことは忙しいビジネスパーソンの日常かもしれません。そのようないわゆる「持ち帰り残業」については 36 協定が必要でしょうか。

　その要否を判断するためには、当該「持ち帰り残業」が「労働時間」に該当するかどうかを見極めなければなりません。「労働時間」とは、「労働者が使用者の指揮命令下に置かれている時間」をいいますので、終業時間を過ぎて帰宅した後の自宅での作業は、直ちに「労働時間」とは解されません。

例えば、緊急性はないが自発的に日々の仕事に役立つ資料を自宅で作成していた、あるいは、そもそも資料の社外持ち出しを禁止されているにもかかわらず、上司に無断で持ち帰り、自宅で作業をしていた、といった場合には、使用者の指揮命令が及んでいるとはいえず、「労働時間」には該当しないと考えてよいでしょう。

　一方で、自宅で資料のまとめをするように上司に指示された、あるいは、上司の指示はないが自宅で作業しないと間に合わない状況であり、そのことを上司も認識していた、といった事情がある場合には、「労働時間」に該当すると判断される可能性が高いと思われます。

　このように個別具体的な判断となりますので、一概にはいえませんが、仮に「労働時間」に該当すると判断される場合には、それが法定労働時間を超えて行われる、あるいは、法定休日に行われる場合には、当然36協定が必要になります。

○　「労働時間」に該当し、かつ法定労働時間を超過して行われる場合、必要

[3] 在宅勤務での残業

　近年増加している在宅勤務（テレワーク）の場合はどうでしょうか。在宅勤務は、就業の場所が自宅というだけで、それ以外は通常のオフィス勤務と変わりませんので、残業をする場合には当然36協定が必要になります。もっとも、在宅勤務については、一定の要件を満たす必要はありますが、事業場外みなし労働時間制を適用することができますので、実務上はこちらによるのが簡便ではないかと思われます。

　ただし、在宅勤務の時間を何時から何時までとあらかじめ定めた上で、仕事をするスペースを自宅に確保し、「勤務」と「日常生活」がきちんと区分けされている場合や、オンラインカメラ等で常時モニターされており、随時使用者の具体的な指示に基づいて業務が行われる場合には、労働時間を算定し難いとはいえないため、事業場外みなし労働時間制を

適用することはできません。その場合は原則どおり、残業をする場合には 36 協定が必要になります。

> ○　法定労働時間を超えて残業する場合、必要

[4] 週休 2 日制で土曜出勤

　法定休日は 1 週 1 日、もしくは 4 週 4 日ですので、週休 2 日制で、例えば土曜日と日曜日が休みという場合、いずれかが法定休日で、他方が法定外休日（「所定休日」ともいいます）となります。

　法定休日であるか、法定外休日であるかにより、同じ休日出勤であっても割増率が変わってきますので、就業規則等で法定休日がいつか（何曜日か）を定めておくのが望ましいでしょう。

　上記の例で、日曜日が法定休日と定められていたとします。そうすると、土曜日は法定外休日となりますので、土曜日に出勤した場合、「法定休日の労働」とはなりません。ただし、週 40 時間を超える労働は「時間外労働」となりますので、仮に月曜日から金曜日まで週 5 日勤務しており、いずれの日も所定労働時間が 8 時間であった場合には、土曜日の出勤は最初から週 40 時間超となりますので、時間外労働となります [図表 35]。よって、この場合 36 協定が必要となります。

　仮に、1 日の所定労働時間が 7 時間で、月曜日から金曜日の労働時間

図表 35 ｜ **週休 2 日制で土日に出勤した場合**

土曜日	日曜日
法定外休日 （所定休日）	法定休日

週 40 時間を超える場合には
時間外労働

時間外労働ではなく
休日労働

の合計が 35 時間であったとすると、土曜日に出勤したとしてもまだ 40 時間まで 5 時間余裕があります。よってこの場合は、土曜日の勤務が 5 時間を超えない限り、36 協定は必要ありません。

なお、日曜日に出勤した場合は、休日労働となり、「36 協定」が必要になります。

> ○　週 40 時間を超える場合や休日労働をする場合、必要

[5] 変形労働時間制、フレックスタイム制

変形労働時間制や、フレックスタイム制を導入すると、1 日 8 時間、1 週 40 時間という法定労働時間にとらわれることなく、弾力的にシフトを組むなどの運用が可能となり、制度の枠内に収まっている範囲においては、割増賃金の支払いも必要ありません。その場合には、36 協定の締結も必要ないことになります。

ただし、制度の枠を超えて労働する場合には 36 協定が必要になります。

(1) 1 カ月単位の変形労働時間制

対象期間を 1 カ月以内に定め、その期間内において、1 週間当たりの労働時間の平均が法定の範囲内に収まっている限り、36 協定は不要です。しかし、1 分でもその枠をはみ出してしまうと 36 協定がない限り違法になってしまいます。

36 協定は労基署長に届け出をしないと効力が生じませんので（本章 1 参照）、後から日付をさかのぼらせて 36 協定を締結し提出することもできません。よって、実務上は変形労働時間制を採用し、原則、時間外労働が生じるおそれがないとしても、念のため、36 協定を締結し、届け出しておくのがよいと思われます。

> ○　実務上は 36 協定を締結、届け出しておくべき

(2) 1年単位の変形労働時間制

　対象期間を1カ月以上1年以内に定め、その期間内において、1週間当たりの労働時間の平均が法定の範囲内に確実に収まれば、36協定は不要です。しかし、あらかじめ特定した週・日以外の「1日8時間・週40時間」を超えた労働、および、特定した週・日における「1日10時間・週52時間」を超えた労働については、36協定がなければ違法になってしまいます。よって、実務上は念のため36協定を締結し、届け出をしておくべきでしょう。

　また、1年単位の変形労働時間制は、対象期間も比較的長期になりますので、途中で入社者や退職者が生じる可能性もあります。期間の全部を在籍しない者については清算をすることになりますが（第1章 **4** **3** 参照）、期間途中の入社者については1年単位の変形労働時間制を適用せず、次の対象期間の始期から適用させるほうが簡便でしょう。そのような場合に備え、やはり36協定は念のため締結し、届け出しておくべきです。

> ○　実務上は36協定を締結、届け出しておくべき

(3) 1週間単位の非定型的変形労働時間制

　この制度を導入すると1週間単位で毎日の労働時間を弾力的に定めることができますが、1日の労働時間は10時間までという制限が付きます。

　万が一、10時間を1分でも超えてしまうと違法になってしまいますので、やはり、36協定を締結し、届け出しておくことが望ましいといえます。

> ○　実務上は36協定を締結、届け出しておくべき

(4) フレックスタイム制

　この制度は、始業および終業の時刻の決定を労働者の裁量に委ねる制度です。そうすると、清算期間で締めた場合にきっちり帳尻合わせでき

ることのほうがまれで、実際は多少の超過勤務が生じることが多いのではないでしょうか。法定労働時間の総枠（40×清算期間の暦日数÷7）をオーバーしてしまった場合、当然36協定がなければ違法になってしまいます。

　また、フレックスタイム制で労働者に委ねられるのは所定就労日の始業・終業時刻です。休日についてはフレックスタイム制の適用範囲外となりますので、法定休日の出勤を適法ならしめるには36協定が必要となります。

　いずれにしても、フレックスタイム制を導入する場合には、実務上は36協定の締結、届け出は必須と考えておいたほうがよいでしょう。

> ○　実務上は36協定を締結、届け出しておくべき

[6] みなし労働時間制

　みなし労働時間制は、実際に働いた時間が何時間であろうと、あらかじめ定めた「みなし労働時間」働いたものとして扱う制度です。したがって、当該「みなし労働時間」が法定労働時間の範囲内に収まっていれば36協定は必要ありません。

(1) 事業場外みなし労働時間制

　「みなし労働時間」が法定労働時間を超えない場合には、36協定は不要です。ただし、そもそも事業場外みなし労働時間制が適用できる場面であるかは慎重に見極めが必要です。

> ×　不要

(2) 専門業務型裁量労働制

　(1)と同様、「みなし労働時間」が法定労働時間を超えない場合には、理論上、36協定は不要となります。ただし、これも(1)の場合と同様に懸念されることですが、そもそも専門業務型裁量労働制を適用してよい

場面であるかは慎重に判断する必要があります。

　残業代請求訴訟において、度々みられるケースの一つに、この専門業務型裁量労働制を適用していることを理由としたものがあります。会社としては違法性の認識がないまま、専門業務型裁量労働制を多くの社員に適用しており、残業代の支払いはおろか、労働時間の管理もしてこなかった、という例が少なくありません。

　当然、法定の要件を満たしていなければ、専門業務型裁量労働制の適用は認められませんので、その場合、割増賃金の支払いを命じられることになります。

× 不要

---

(3) 企画業務型裁量労働制

　(1)(2)と同様、「みなし労働時間」が法定労働時間を超えない場合には、36協定は不要です。しかし、これも(1)(2)とパラレルに考えられることですが、当該制度の導入には慎重を期すべきです。

× 不要

---

[7] 所定労働時間を欠く場合の定時以降の就労

　日々の就業において、時に、通勤電車の遅延や、台風、積雪などの影響による交通網の遮断などにより、遅刻を余儀なくされることは、誰にも少なからず生じ得ます。そのような就労時間の欠損が生じた場合に、定時以降の就労（残業）は法的にどのように解釈されるでしょうか。さまざまなパターンが考えられますが、典型的な例を順に考えていきましょう（フレックスタイム制や変形労働時間制は適用されない職場であることを前提とします）。

(1) 遅刻

　遅刻とは、本来定められた就業開始時刻を経過しても、まだ労務の提

供をなし得ない状態をいいます。遅刻した場合、その分の就労をしていないことになりますので、ノーワーク・ノーペイの原則に従い、遅刻した分の賃金の支給を受けることができない、という措置を受けたり、あるいは、遅刻の理由や事前連絡の有無、遅刻した時間の長短、遅刻の頻度、本人の反省の程度等により、場合によっては、譴責等の懲戒処分を受ける可能性もあり得ますが、それ以上に、労働者が労基法上何らかのペナルティーを負う、ということはありません。

とはいえ、遅刻した分を取り戻そうとして、その日に終業時刻以降、残業をすることもあるでしょう。例えば、午前9時始業、午後6時終業で、9時間拘束（実働8時間、休憩1時間）という職場において、1時間遅刻したとします。午前10時から就業を開始して、途中1時間休憩を取り、午後6時以降に1時間残業をして午後7時に仕事を終えた場合、午後6時から午後7時の1時間は、労基法上どのように扱われるのでしょうか。

このケースでは、この日の労働時間は通算8時間に収まっています。労基法が規制しているのは、1日8時間を超える労働ですので、この日についてみれば、法定労働時間の枠内に収まっていることになるわけです。したがって、このケースについていえば、午後6時から午後7時の1時間就労することにつき、36協定は必要ありません。割増賃金の支払いも必要ありません。

> ×　原則、法定労働時間の範囲内に収まっていれば、不要

(2) 午前半休

それでは、午前半休を取得した場合はどうでしょうか。この場合も、遅刻と同様に考えることができます。すなわち、終業時刻以降に残業したとしても、その日トータルで現実に労働している時間が8時間を超えなければ、36協定は必要ありませんし、割増賃金の支払いも必要ありません。

とはいえ、遅刻の場合はともかく、半休については別異に考慮すべき事柄があります。すなわち、この仕組みを野放しにしてしまうと、実質的に年次有給休暇の買い上げをしていることと等しくなってしまう、という懸念があるからです。

例えば、年次有給休暇を持て余している労働者が、毎日午前半休を取得し、午後から出てきて、定時以降も毎日残業をし、年次有給休暇を取得した時間分、夜間まで働くということをした場合、結果的に、年次有給休暇を買い上げているのと等しくなります。また、この場合、労基法上はその日の通算労働時間が8時間以内に収まっているのであれば割増賃金の支払いは必要ありませんが、午後10時以降の深夜時間帯に及べば、労基法上、深夜割増賃金を支払う必要はありますし、会社によっては、午前半休の取得の有無を問わず、定時以降の就労につき、割増賃金を支払っているところもあるでしょう。

このようなケースが実際に生じた場合には、あくまでも年次有給休暇の本来的意義は「休むこと」にあるわけですから、その旨を対象者に説明し、午前半休を取得した日についてはなるべく残業をすることを控える、半日単位ではなく、なるべく1日単位で年休を取得する、といった運用を心掛けるよう指導すべきです。

なお、時間単位年休を午前中に使用したり、日中使用して中抜けした場合等にも、上記と同様のことがいえます。

> ×　原則、法定労働時間の範囲内に収まっていれば、不要

(3) 勤務間インターバル

勤務間インターバルとは、勤務終了後、必ず一定時間以上の休息時間を設けることをいいます。これにより、労働者の生活時間や睡眠時間を確保できるようになります。例えば、勤務間インターバルを11時間とした場合、残業をしてある日の退社時刻が遅くなったとすると、その分、翌日の勤務開始時刻を繰り下げて、必ず11時間のインターバルを確保

することになります。同制度は労基法上の強制義務とはなっておらず、事業主に課せられた努力義務にとどまるものですが（労働時間等の設定の改善に関する特別措置法〔以下、労働時間等設定改善法〕2条1項）、労働者の健康を保護する観点からすれば、大変意義のある制度といえます〔図表36〕。

　それでは、この制度により、前日の退社時刻が遅くなったため、翌日の就労開始時刻が1時間繰り下げとなった労働者が、その日、さらに定

図表36 │ 勤務間インターバル制度のイメージ

【例1】
休息時間を11時間とした上で、休息時間を確保するために勤務開始時刻は10時からとなり、始業時刻の8時から10時までの時間を勤務したものとみなすもの

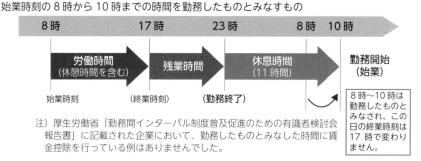

注）厚生労働省「勤務間インターバル制度普及促進のための有識者検討会報告書」に記載された企業において、勤務したものとみなした時間に賃金控除を行っている例はありませんでした。

【例2】
休息時間を11時間とした上で、休息時間を確保するために始業時刻を繰り下げるもの

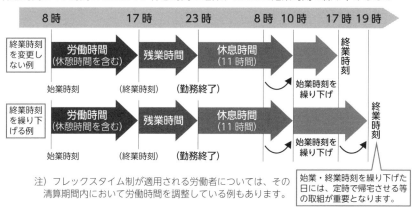

注）フレックスタイム制が適用される労働者については、その清算期間内において労働時間を調整している例もあります。

資料出所：厚生労働省「ワーク・ライフ・バランスの実現のためには、労使の自主的な取組が重要です。」

時以降1時間残業した場合、どのように処理すべきでしょうか。

　この場合も、その日の就労時間がトータルで8時間を超えていないのであれば、36協定は不要ですし、割増賃金の支払いも必要ありません。とはいえ、勤務間インターバル制度の趣旨は、労働者を休ませることにありますので、同制度が適用され始業時刻が繰り下げになった労働者に対して、さらに定時以降の残業を命じるのは好ましい状況とはいえないでしょう。

　労基法上の強制義務ではありませんが、同制度の趣旨からすれば、勤務開始時刻を繰り下げた場合、当該繰り下げた時間については働いたものとみなして賃金を支払う、当日は残業をさせない、といった運用を心掛けるべきです。

× 　原則、法定労働時間の範囲内に収まっていれば、不要

---

[8] 早出残業

　長時間労働による過労死、過労自殺が社会問題として注目を集めるようになって以降、朝方勤務を奨励する企業も増えてきました。本来の始業時刻よりも早く出社し、仕事をするという、いわゆる「早出残業」は、通勤電車の混雑による疲弊もなく、夜間のエンドレス残業を減少させることにもつながり、一定の効果はあるようです。

　それでは、この早出残業について、36協定は必要でしょうか（フレックスタイム制や変形労働時間制が適用されない職場であることを前提とします）。

　結論からいうと、必要になります。というのも、早出残業を行い、その上で、当日の通常勤務を行うわけですから、早出残業をした分、通常勤務の途中で1日の法定労働時間である8時間を超えてしまうわけです。厳密にいえば、早出残業をするだけなら36協定は必要ないのですが、その後、通常勤務に移行し、トータルの勤務時間が8時間を超えた段階

で、36 協定がないと違法になってしまう、ということです。したがって、早出残業を行い、さらにその後、通常勤務を定時まで行うのであれば、事前に 36 協定を締結し、届け出を行った上で、さらに、早出残業を行った時間に相当する割増賃金の支払いも必要になります。

〇　早出残業後、通常勤務（8 時間）を行う場合、必要
---

[9] 宿日直勤務

実作業をしている時間が少なく、また、身体的・精神的緊張も少ないものであれば、所轄の労基署長の許可を得ることにより断続的労働と認められ、法定労働時間について規定された労基法 32 条の適用が除外されます（労基法施行規則 23 条、様式 10 号）。すなわち、36 協定がなくても、また、割増賃金の支払いをしなくても、1 日 8 時間以上、宿日直勤務に就かせることができるようになるわけです。

なお、労基法 41 条 3 号に該当する者として取り扱う旨の許可（労基法施行規則 34 条、様式 14 号）も得れば、管理監督者と同様、労働時間のみならず、休憩、休日に関する規定も適用除外となります。

×　不要
---

[10] 緊急時の呼び出し

(1) 休日・夜間

休日に会社から呼び出しを受けたり、帰宅後、夜間に緊急対応を求められ急きょ出社することも、場合によってはあり得るでしょう。このようなケースでは、呼び出しを受けた後の労働時間は法的にどのように取り扱われるでしょうか。

まず、休日に呼び出しを受け、これに応じて出社した場合、当然ですが、出社後の就業時間は労働時間となります。休日労働になりますので、36

協定がなければ労働させることはできません。その日が法定休日であれば135％以上の、法定外休日であったとしてもその週で既に40時間を超えている場合には、125％以上の、割増賃金を支払う必要があります。

　それでは、年次有給休暇を取得して休んでいた場合はどうでしょうか。この場合、労働させると年次有給休暇を与えたことになりませんので、労働者の同意を得て、年次有給休暇を取得する日を別の日に変更しなければなりません。そうすると、この日は通常の勤務日になりますので、36協定がなくても労働をさせることができることになります。

　次に、一度帰宅した後、夜間に呼び出しを受け、再度出社した場合について考えてみます。この場合、昼間の勤務時間と通算し、8時間を超えると、36協定が必要になります。当然、割増賃金の支払いも必要です。なお、通算して8時間を超えていなくても、午後10時以降、翌朝午前5時までの間の勤務については、深夜割増賃金が必要になります。

> △　時間外労働、休日労働に当たる場合は、必要

(2) 災害時

　災害時については、労基署長の許可を得ることにより、36協定がなくても、労働時間を延長することができます。原則は事前許可制ですが、事前に許可を得ることができないほど事態が急迫している場合には、事後に遅滞なく届け出れば足りるとされています（労基法33条1項）。なお、この場合でも労基法37条による割増賃金の支払いは必要になります。

> ×　不要。原則、事前許可制

[11]「振替休日」と「代休」

　実務では同義に理解されていたり、混同されて使われていることもある「振替休日」と「代休」ですが、両者は全く異なるものです[**図表37**]。
　まず、「振替休日」とは、読んで字のごとく、あらかじめ、本来の「休

図表 37 | 振替休日と代休の違い

項　目	振替休日	代　休
どんな場合に 行われるか	特定の休日に労働させるため、あらかじめ、他の労働日を休日とするとき	休日労働をさせた場合に、その代償として他の労働日を休日とするとき
行われる場合の 要件	①就業規則に振替休日の規定があること ②振替休日の特定 ③振替休日は、できるだけ近接した日が望ましい ④振り替えは遅くとも前日までに通知	代休自体は、任意に与えることができるが、法定休日労働を行うためには、36協定が必要
振り替え後の日 または 代休の指定	あらかじめ使用者が指定	使用者が指定することもあるし、労働者の申請によって与えることも可
賃　金	振替休日が同一週の場合、休日出勤日については通常の賃金を支払えばよく、振替休日に賃金を支払う必要はない* ＊振替休日により働いた日を含む週の労働時間が週法定労働時間を超えた場合には、この部分については時間外労働となるので、割増賃金の支払いが必要	休日の出勤日については割増賃金を支払わなければならない

資料出所：東京労働局「労働基準法のあらまし2018」を基に一部加工して作成

日」を他の所定就労日と入れ替えることをいいます。具体例を挙げて説明すると、日曜日の法定休日と、その週の火曜日（所定就労日）とを入れ替えるのです。こうすることにより、日曜日は就労日となり、火曜日が法定休日となります。日曜日に出勤してもらうわけですが、同じ週の火曜日に休みを与えているので、日曜日の出勤について所定就労日を通常勤務したものとして扱えば足り、休日出勤の割増賃金を支払う必要はありません。ただし、同じ週に与えないと、その週において1週1日の法定休日を満たしていないことになってしまいます。4週4日の変形休日制を採用している場合でも、振り替えにより、特定の週の総労働時間が40時間を超えてしまうと割増賃金が発生してしまうため、振り替え

先については注意が必要です。極力、近接した日とし、遅くとも前日までには本人に通知する必要があります。なお、休日を振り替えた場合は、振り替え前の法定休日だった日に出勤しても、そもそも休日出勤をしたことになりませんので、就業規則等にその旨の定めは必要ですが、36協定がなくてもこれを行うことは可能です。

これに対し、「代休」とは、休日出勤をした場合に、その事後措置として、後日、休日を与えるというものです。休日出勤をしているので、いったんその分の割増賃金（法定どおりであれば135％）を支払う必要があるのですが、代休自体は無給とすることも可能なので無給の休暇を取得させることにより、実質、休日出勤の割増賃金のうち、いわゆる100％に当たる部分を後から控除することができます。ただし、35％の部分はいずれにしても支払う必要があります。「代休」を付与する前提として休日出勤が行われるわけですから、当然、36協定がなければできません。

> ×　振替休日は不要だが、代休（法定休日労働）には必要

[12] 非正規労働者の残業

36協定は、非正規労働者が残業をする場合にも必要になります。

> ○　必要

(1) パートタイマー

パートタイマーやアルバイトであっても、労基法は正社員かそうでないかで区別はしていませんので、法定労働時間を超える時間や法定休日に労働させる場合には、36協定が必要になります。

> ○　必要

(2) 出向者

出向者が残業をする場合にも当然36協定は必要となります。それで

は、出向先と出向元、いずれで締結すべきでしょうか。

そもそも、出向とは、出向元における労働契約関係を存続させたまま、出向先との間で新たに「部分的労働契約関係」を成立させることをいいます。賃金の支払いは出向元で引き続き行われること、出向先の労働契約関係は出向元の労働契約関係の存在を前提とするものであることから、「部分的労働契約関係」と解釈されています。

すなわち、部分的ではありますが、出向先と出向者との間には労働契約関係が成立していますので、指揮命令を受け、労働力を提供する出向先において 36 協定を締結することになるわけです。

> ○　出向先で必要

(3) 派遣労働者

派遣労働者は、派遣先で指揮命令を受け、労働力も派遣先に提供することになるのですが、派遣先と派遣労働者との間に労働契約関係は存在しません。したがって、派遣労働者については、派遣元で 36 協定を締結する必要があります。

> ○　派遣元で必要

3 「36 協定」の結び方

1 36 協定締結のフロー、実務チェックリスト

ここまで、労働時間制や 36 協定の基本的事項、いかなる場合に 36 協定が必要となるのかなど、36 協定に関する「予備知識」について解説してきました。いよいよ 36 協定を締結するに当たり留意すべき点等、実務上のポイントを解説していきます [図表 38]。

図表 38 | 36 協定締結のフロー、実務チェックリスト

ステップ 1　締結当事者の確認
□複数の事業場（本社以外の支店、出張所等）がある場合、どこで締結するか

↓　　　　　　　　　　　　　　　　　　　　↓

　　　事業場ごとに締結　　　　　　　　　　　本社一括で締結

□労働者側の締結当事者は誰か

↓　　　　　　　　　　　　　　　　　　　　↓

　　　過半数組合と締結　　　　　　　　　　過半数代表者と締結

ステップ 1-2　過半数代表者の選出
□民主的な方法により過半数代表者を選出

ステップ 2　36 協定の締結
□労働者側の締結当事者と協定事項について協議
□締結事項について合意
□ 36 協定書の作成

ステップ 3　36 協定の届け出
□ 36 協定届の作成
□ 36 協定届を所轄の労基署長へ提出

ステップ 4　36 協定の周知
□ 36 協定書を従業員に周知
□時間外労働、休日労働が適正に行われるよう管理職らを指導

2 36協定締結の要点

[1] 締結単位

36協定の締結は事業場単位となるのが原則です。「事業場」とは、営業所、支店、工場、店舗など、本社とは場所的のみならず組織的にも、ある程度の独立性を有して業務が行われるものをいいます。

例えば、東京に本社があり、大阪や福岡に支社がある場合には、36協定は東京のみならず、大阪、福岡、それぞれで締結する必要があります。

もっとも、出先機関の規模が小さく、独立性を認め難い場合には、実務上は直近上位の組織に紐づけし、一括して取り扱うことができます。どういった要件が認められれば直近上位の組織に紐づけできるのか、といった具体的な基準などはないので、個別判断となります。例えば、従業員が数名いる程度の小さな出張所や店舗などで、責任者を置かず、社内の事務処理についても近隣の支社でまとめて行っているといった事情が認められれば、その支社に含めて取り扱うことが妥当と考えられます。

[2] 締結当事者

その事業場の労働者の過半数で組織する労働組合（以下、過半数組合）があれば、その組合と締結します。過半数組合がない場合は、その事業場の労働者の過半数を代表する者（以下、過半数代表者）と締結することになります。

過半数代表者の選出については、以下の二つの要件を満たす必要があります（労基法施行規則6条の2）。

(a) 労基法41条2号に規定する管理監督者でないこと
(b) 36協定を締結するための過半数代表者を選出することを明らかにした上で、投票、挙手などにより選出された者であって、使用者の意向に基づき選出されたものでないこと

特に、「使用者の意向に基づき選出されたものでない」という要件は、

働き方改革関連法による 2019 年 4 月改正で追記されたものです。過半数代表者の選任については、会社にとって都合の良い者を就任させるために、会社が選任手続きに干渉するといったケースが時折見受けられます。従業員の親睦団体の代表が自動的に過半数代表者に就任するという方法で作成された 36 協定を無効とした裁判例もありますので、会社が選任手続きに事実上関与せざるを得ないとしても、その在り方には細心の注意が必要です（トーコロ事件　最高裁二小　平 13.6.22 判決）。

　なお、過半数代表者の選出については後述 **3** もご参照ください。

[3] 協定事項

(1) 協定項目

　時間外労働を適法に行わせるためには、36 協定において、[図表 39、40] の事項を協定しなければならないとされています（労基法 36 条 2 項、労基法施行規則 17 条 1 項）。なお、特別条項を定めない場合には [図表 40] は不要です。

(2) 労働時間を延長し、または休日に労働させることができる場合

　単に「業務多忙」といった抽象的な記載では認められません。安易な労働時間の延長が認められることのないように、業務の種類を細分化するなどして、「臨時の受注」「納期変更」「製品不具合への対応」といっ

図表 39 │ 36 協定で協定する必要がある事項

●時間外・休日労働をさせる労働者の範囲
●対象期間（1 年間に限る）
●労働時間を延長し、または休日に労働させることができる場合
● 1 日、1 カ月、1 年のそれぞれの期間について労働時間を延長して労働させることができる時間または労働させることができる休日の日数
●有効期間
● 1 年の起算日
●時間外・休日労働が単月 100 時間未満、2～6 カ月平均 80 時間を超えないこと

図表 40 | 特別条項を定める場合に 36 協定で協定する必要がある事項

- 限度時間を超えて労働させることができる場合（いわゆる「特別条項」）
- 限度時間を超えて労働させる労働者に対する健康福祉確保措置
- 限度時間を超えた労働に係る割増賃金の率
- 限度時間を超えて労働させる場合における手続き

たように、時間外・休日労働が可能となる場面を限定的に定める必要が
あります（「労働基準法第 36 条第 1 項の協定で定める労働時間の延長及
び休日の労働について留意すべき事項等に関する指針」〔平 30.9.7　厚
労告 323。以下、36 指針〕4 条）（巻末資料参照）。

(3) 1 日、1 カ月、1 年について、労働時間を延長して労働させること
　　ができる時間・休日の日数

　当然、法定の限度時間に収まるように協定をする必要があります。な
お、序章で述べたとおり、従前は限度時間に関する法律上の定めはなく、
厚生労働省発出の基準告示しかありませんでした。しかしながら、働き
方改革関連法に基づく改正がなされ、2019 年 4 月（中小企業は 2020 年
4 月）から、「月 45 時間、年 360 時間」という延長時間の上限（限度時間）
が、法律上の規制となりました。さらに前述したとおり、一定の場合に
は罰則まで適用されることになりました。

[4] 特別の事情がある場合

(1) 特別条項

　本来、労働時間を延長させるとしても法定の限度時間内に収めなけれ
ばならないのですが、どうしても予想外の突発的な出来事が生じた際な
ど、限度時間を超えて労働させなければならない場合もあり得ます。そ
のような「特別の事情」が生じた場合に備えて、労働時間を延長させる
ことができる時間をさらに延長する措置（特別条項）を 36 協定で定め
ておくことができます。

(2) 2019 年 4 月改正による変更点

　特別条項は、法改正により従来よりもさらに条件が厳しくなりました。これまでは、「臨時的に限度時間を超えて時間外労働を行わざるを得ない特別の事情」があれば足り、「臨時的なもの」とは、「一時的又は突発的に時間外労働を行わせる必要があるものであり、全体として 1 年の半分を超えないことが見込まれるもの」とされていました（平 11.1.29 基発 45　最終改正：平 15.10.22　基発 1022003）。

　しかし、2019 年 4 月改正によって、特別条項の制度も法律の規定に組み込まれることとなり（労基法 36 条 5 項）、その適用要件も「通常予見することのできない業務量の大幅な増加等に伴い臨時的に第 3 項（筆者注：労基法 36 条 3 項）の限度時間を超えて労働させる必要がある場合」とされました。一見すると単に特別条項が法文に載っただけと思いがちですが、「通常予見することのできない」という文言が加えられたことで、適用可能な場面はより狭められました。指針にも、「業務の都合上必要な場合」「業務上やむを得ない場合」など恒常的な長時間労働を招くおそれがあるものを定めることは認められない、と規定されています（36 指針 5 条 1 項）。

　さらに、従前は特別条項による延長時間の上限については、なんら規

Column

「対象期間」と「有効期間」

　「対象期間」とは、2019 年 4 月改正で新たに設けられた概念で、36 協定によって時間外・休日労働を行わせることができる期間をいいます。任意に定められるわけではなく一律に 1 年とされており、起算日を定めて特定することになります。

　これに対し「有効期間」とは、36 協定自体の効力が生ずる期間のことです。「対象期間」が 1 年となることから、「有効期間」もおのずと 1 年とすることが望ましいといえます。なお、労働協約による 36 協定の場合は、「有効期間」を定める必要はないものとされています（労基法施行規則 17 条 1 項 1 号）。

制がなかったのですが、特別条項が法文に組み込まれたことにより次の規制が敷かれることになりました。

(a) 月45時間を超えることができるのは年6回まで
　　（従来にもあった規制）
(b) 月100時間未満、年720時間以内とすること（新たにできた規制）

(a)と(b)は特別条項に関する法規制ですが（労基法36条5項）、こ

Column

「36協定書」と「36協定届」

　「36協定書」と「36協定届」は異なります。

　「36協定書」は、労使が時間外労働や休日労働に関する一定事項について協議し、合意に至ったその内容を記載するものであり、特に法定のフォームなどが存在するわけではありません。自由に記載することができますので、会社によってその協定書の書式はさまざまです。ただし、労使の合意書になりますので、労使がそれぞれサイン（署名ないし記名押印）し、当該事業場に保存する必要があります。

　一方「36協定届」は、こうして作成された「36協定書」の内容を会社が所轄の労基署長に届け出るための書式です。労基法施行規則で様式が定められており、用途に沿った様式を使って所定事項を記入し、届け出ます。

　また、必要な事項が網羅されていれば、縦書き、横書き、その他異なる様式で届け出てもよいとされていますが（労基法施行規則59条の2）、漏れがあると届け出が無効となる可能性がありますので、実務上は、厚生労働省のホームページでダウンロードした様式を使用するのが望ましいといえます（様式については後述）。

　なお、必ずしも「36協定書」を作成する必要はなく、「36協定届」を「36協定書」として取り扱うことも実務上は可能です。ただし、「36協定届」自体は労使双方とも押印不要なのですが、「36協定書」を兼ねる場合には、合意がなされたことが明らかとなるような方法で締結しなければならないものとされているため、労使双方の署名または記名押印が必要となります（労働者側の押印につき、昭53.11.20　基発642　最終改正：平11.3.31　基発168）。

れとは別に、特別条項の有無を問わず、さらに休日労働も含めた上で、(c) と (d) の規制も敷かれました（同条6項2号、3号）。

> (c) 休日労働も含め、月100時間未満とすること（新たにできた規制）
> (d) 休日労働も含め、2〜6カ月の平均が月80時間を超えないこと
> （新たにできた規制）

　なお、(c) と (d) は、労災認定の際に用いられる、いわゆる「過労死基準」から導かれた規制であり、罰則の適用があります。違反すると、6カ月以下の懲役または30万円以下の罰金（労基法119条）が科される可能性があります。

> **過労死基準**
> 　「脳血管疾患及び虚血性心疾患等（負傷に起因するものを除く。）の認定基準について」（平13.12.12　基発1063　最終改正：平22.5.7 基発0507第3）において、1週間当たり40時間を超える労働時間が月100時間または2〜6カ月平均で80時間を超える場合には、業務と脳・心臓疾患の発症との関連性が強い、とされていること。

(3) 健康福祉確保措置

　さらに、特別条項を設ける場合には、合わせて健康福祉確保措置を設けなければならないと定められました（労基法施行規則17条1項5号）。健康福祉確保措置は **[図表41]** 中から選択することになります（36指針8条）。

　なお、健康福祉確保措置の実施状況に関する記録は、36協定の有効期間中および当該有効期間の満了後3年間保存しなければなりません（労基法施行規則17条2項）。

[5] その他の留意点

　そのほか、36指針において、**[図表42]** のとおり留意すべき事項が定められました。

図表 41 | 健康福祉確保措置

内　　容
(a) 医師による面接指導
(b) 深夜業（午後 10 時～午前 5 時）の回数制限
(c) 終業から始業までの休息時間の確保（勤務間インターバル）
(d) 代償休日・特別な休暇の付与
(e) 健康診断
(f) 連続休暇の取得
(g) 心とからだの健康問題についての相談窓口の設置
(h) 配置転換
(i) 産業医等による助言・指導や保健指導

図表 42 | 36 指針が示す留意すべき事項

内　　容
(a) 時間外労働・休日労働を必要最小限にとどめること（36 指針 2 条）
(b) 36 協定の範囲内であっても、使用者は労働者に対し安全配慮義務を負っており、労働時間が長くなるほど過労死との関連性が強まること（36 指針 3 条）
(c) 時間外労働・休日労働を行う業務の区分を細分化し、業務の範囲を明確にすること（36 指針 4 条）
(d) 特別条項を定める場合でも、時間外労働は原則として超えないものとされていることに十分留意し、1 カ月の時間外労働および休日労働の時間、1 年の時間外労働時間、を限度時間にできる限り近づけるように努めること（36 指針 5 条 2 項）
(e) 限度時間を超える時間外労働については、25％を超える割増賃金率とするように努めること（36 指針 5 条 3 項）
(f) 1 カ月未満の期間で労働する労働者の時間外労働は、1 週間 15 時間、2 週間 27 時間、4 週間 43 時間を目安時間とし、これを超えないように努めること（36 指針 6 条）
(g) 休日労働の日数、および、時間数をできる限り少なくするよう努めること（36 指針 7 条）
(h) 限度時間を超えて労働させる労働者の健康・福祉を確保すること（36 指針 8 条）
(i) 限度時間が適用除外・猶予されている事業・業務についても、限度時間を勘案し、健康・福祉を確保するよう努めること（36 指針 9 条、附則 3 項）

3 社内手続き・準備、従業員への周知

[1] 36協定の締結、届け出の年中行事化

　36協定の締結、届け出は、いわば年中行事であり、毎年特定の時期に確実に履行する必要があります。人事労務分野の年中行事は、健康保険・厚生年金保険の算定基礎届、定期健康診断、ストレスチェック、労働保険料の年度更新、所得税の年末調整等、多岐にわたりますが、36協定も有効期間を事実上1年とする必要があることから、同様に年中行事となります。

　毎年同じ時期に必ず行うものとなりますので、あらかじめ余裕を持ってスケジュールを組み、手続きを進めていく必要があります。

　締結当事者が過半数組合となる場合、組合との協議方法について、特に法律上の定めやルールがあるわけではありません。したがって、労使間の慣習に従い、余裕を持って協議を行い、期日までに確実に36協定書を作成しなければなりません。

　締結当事者が過半数代表者となる場合は、いろいろと注意が必要ですので詳細は**[2]**で説明します。余裕を持って協議を行い、期日までに確実に36協定書を作成しなければならないという点は、過半数組合の場合と同じです。

　なお、36協定は、協定を締結し、協定書を作成するだけでは免罰効果は得られず、所轄の労基署長へ届け出ることまでが必要とされています。そして届け出行為に遡及効果（過去にさかのぼって効力を発生させること）は認められませんので、あくまでも届け出た日以降についてしか、免罰効果は生じません。極論をいうと、何らかの理由で届け出を失念したり、数日遅れてしまった場合、その間、一切時間外労働なり休日労働をさせることはできなくなってしまいます。届け出をせずに、既に時間外労働、休日労働を行わせていた場合には違法行為となってしまいますので、注意が必要です。

[2] 過半数代表者の選出手続き

前述したとおり、過半数代表者の選出については、二つの要件を満たす必要があります（労基法施行規則6条の2）。

(a) 労基法41条2号に規定する管理監督者でないこと

(b) 36協定を締結するための過半数代表者を選出することを明らかにした上で、投票、挙手などにより選出された者であって、使用者の意向に基づき選出されたものでないこと

とはいえ、従業員の自主性に任せていては、なかなかまとまらず、いつまでたっても代表者が決まらない、ということもあり得ます。36協定は一定の期日までに締結、届け出まで確実に履行しなければなりませんので、悠長に労働者らの決定を待っているわけにもいきません。そこで、実務上は、ある程度会社側で音頭を取る必要が出てきます。

もっとも、それが理由となり「使用者の意向に基づき選出されたもの」に該当すると評価されては元も子もないので、選挙の告知を代行するなど、必要最小限の事務手続きのみを行うにとどめ、代表者選出の直接のプロセスや意思決定には関与しないという姿勢が不可欠です。

なお、選出の具体的な方法としては、まず、36協定締結のための代表者を選出する必要があることを告知し、立候補を募ります [**図表43**]。候補者が複数となった場合は選挙、一人の場合は信任投票を行います。このほか、事業場の人数が少数の場合は、わざわざ投票をせずと

図表43 │ 過半数代表者の選出方法

ステップ1
36協定締結のための代表者を
選出する必要があることを
従業員に告知し、立候補を募る

ステップ2
候補者が複数となった場合は選挙、
一人の場合は信任投票を行う
※挙手、従業員同士の話し合いでも可

会社が特定の者を指名する、社員会
や親睦会の代表者が自動的に兼任す
ることはできない

も、挙手により決を採ることもできますし、従業員同士の話し合いで決めてもらっても構いません。ただし、会社が特定の者を指名する、社員会や親睦会の代表者が自動的に兼任する、といった方法は認められません。

[3] 過半数代表者の「選挙権」と「被選挙権」

前記[2]の(a)の要件に掲げられているとおり、管理監督者には代表者に立候補するという「被選挙権」はありませんが、管理監督者も労働者の一人ですから、誰に投票するかという「選挙権」は認められています。

また、「選挙権」は、正社員のみならず、同じ事業場で働くパートタイマー、アルバイトにも認められます。さらに、病気、海外出張、休職等により、その日たまたま出勤していない者、または当該協定期間中に出勤が予想されない者にも「選挙権」が生じます。すなわち、これらの者を含めて、分母とし、過半数となるか否かを判断する必要がある、ということです。

なお、派遣労働者は派遣先企業と契約関係にないので、上記分母に含める必要はありません。派遣労働者の時間外・休日労働は、派遣元企業の36協定によることとなります。一方、出向者については、実質的に指揮命令権を有し、労働時間に関する規定の履行義務を有すると認められる出向先において協定を締結する必要があります。よって、出向元では分母にカウントする必要はありません。

[4] 過半数代表者の「任期制」

過半数代表者が必要となるのは、36協定のみならず、賃金控除について定める24協定や育児・介護休業の対象者を一部除外する労使協定等、多岐にわたります。就業規則の作成、変更についても過半数代表者に意見を求め、これを労基署長に届け出る必要があります。本来は、必

要となるたびに選出すべきですが、都度選出するのは煩雑であることから、実務上は「任期制」としている企業も少なくありません。その場合には、あらかじめ想定される事項を網羅した上で、代表者を選出する必要があります。

法律上「任期制」を否定する規定はなく、任期の上限について言及する規定もありませんが、あまり長期にするのは法の趣旨の潜脱となる可能性もあるため、任期は36協定の有効期間となる1年とするのが望ましいと考えられます。

[5] 従業員への周知

36協定は、就業規則と同様に、従業員に対して周知することが法律上義務づけられています（労基法106条1項）。そして、周知の方法は次のとおり定められています（労基法施行規則52条の2）。なお、周知違反には罰則（30万円以下の罰金）の適用があります（労基法120条1号）。

(a) 常時各作業場の見やすい場所に掲示し、または備え付けること
(b) 書面を労働者に交付すること
(c) 磁気テープ、磁気ディスクその他これらに準ずる物に記録し、かつ、各作業場に労働者が当該記録の内容を常時確認できる機器を設置すること

4 こんな場合どうする？

[1] 労働組合が複数ある場合

事業場に過半数組合がある場合は、36協定の締結当事者はその過半数組合となります。それでは、組合が複数ある場合はどのように扱うべきでしょうか。まず、組合が複数あるが、いずれも過半数に達していない場合です。この場合は、いずれも36協定の締結当事者の要件を満た

していませんので、原則として、過半数代表者と締結します。なお、複数組合の労働者を合わせれば過半数に達する場合で、それぞれの組合の代表者が一つの協定書に連署をした場合には、過半数要件を満たすため、有効な36協定として扱うことができると考えられています（昭28.1.30基収398 最終改正：平11.3.31 基発168）。

　それでは、やはり組合が二つある場合で、一方が過半数組合、もう一方が過半数に満たない少数組合だった場合はどうでしょうか［図表44］。この場合、36協定は過半数組合と締結することになります。しかし、少数組合と別途交わした労働協約があれば当然それも有効となります。では、少数組合との間で残業を命じない旨の労働協約（ノー残業協約）を締結していた場合、36協定との関係をどのように捉えたらよいでしょうか。

　これは非常に難しい問題です。少数組合との間で締結された労働協約を過半数組合との間で締結した36協定で反故にしてしまうと、少数組合の既得権を多数派組合が「数の力」で制限することができることになってしまい、不合理です。よって、36協定、ノー残業協約のいずれも有効であり、36協定によって残業をさせることについての免罰効果は生じるが、ノー残業協約により少数組合員に対して残業を命じる法的根拠

図表44｜過半数組合と少数組合がある場合

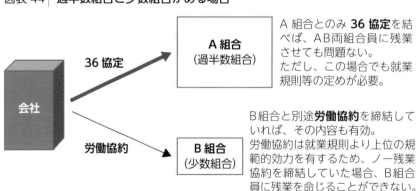

A組合とのみ **36協定**を結べば、AB両組合員に残業させても問題ない。
ただし、この場合でも就業規則等の定めが必要。

B組合と別途**労働協約**を締結していれば、その内容も有効。
労働協約は就業規則より上位の規範的効力を有するため、ノー残業協約を締結していた場合、B組合員に残業を命じることができない。

を欠く、という状態に陥ります。このジレンマを解消するためには、少数組合と協議を重ねるほかありません。

[2] 1年未満で締結する必要がある場合

　業務の都合でどうしても1年に満たない期間で36協定を締結したい、という場合もあろうかと思われます。通常は1年更新とし、年中行事としてしまうのが便宜なのですが、例えば今まで1～12月で締結していたものを、4月～翌年3月の事業年度に合わせたい、といった例が考えられます。この場合、対象期間を1～3月の3カ月とする36協定を締結することはできるでしょうか。

　結論からいうと、対象期間を3カ月とすることはできません。なぜなら、時間外労働の限度時間は月単位と年単位で判断するため、対象期間は必ず1年としなければならないからです。

　では、実務上どのようにすればよいのでしょうか。このようなケースは、いったん従前どおり1～12月で締結しておき、その後、期間をかぶせて4月～翌年3月で締結し直すことになります[図表45]。もっとも、この場合、1～12月の36協定のみならず、4月～翌年3月の36協定、いずれにおいても、法定の要件を遵守する必要があります。具体的にいえば、いずれの36協定の期間においても、年360時間の上限を遵守するようにしなければなりません。特別条項を使用する場合、年6回の判断は、いずれの期間においても満たす必要があります。

図表45 │ 1年に満たない期間で36協定を締結する必要がある場合

いったん、1～12月で締結

4月～翌年3月で締結し直す

[3] 過半数代表者が協定に応じてくれない場合

　過半数代表者が会社への不満、その他労働条件の改善等を訴え、36協定の締結を拒否した場合、どのように対処すべきでしょうか。36協定は本来違法となる時間外・休日労働を適法ならしめるための免罪符ですから、これがなければ時間外・休日労働を適法に行わせることができなくなります。労働条件の改善と36協定の締結は本来別次元の話ですが、36協定をいわば「人質」にして交渉を迫られると会社側としては苦しいのが実情です。

　こういったケースでは、一切残業できなくなると労働者側も困るでしょうし、何より業務運営に支障が生ずることを当該代表者に説明し、協力を仰ぐほかありません。なお、会社のいうことを素直に聞いてくれる社員を過半数代表者にするため、当該代表者を解任し、選挙をやり直す、といったことはすべきではありません。そもそも会社に解任権はありませんし、会社が選出手続きに関与して会社の意向に沿う者が選出されたとしても、適法な締結当事者とは認められず、後に36協定の効力を否定されてしまう可能性があります。

[4] 協定の破棄通告を受けた場合 ［図表46］

　労働者側から現在効力を有する36協定を破棄する旨の通告を受けた場合、どのように対処すべきでしょうか。まず、過半数代表者から破棄通告を受けた場合でも、会社がこれに応じない場合には、法的にはなんら影響はないものと解されています（昭23.9.20　基収2640　最終改正：平11.3.31　基発168）。とはいえ、そのような不穏当な通告を受けた場合にはほかに何か問題が生じているはずですから、きちんと向き合って話を聞き、その問題の解決に尽力すべきです。

　それでは過半数組合から破棄通告を受けた場合はどうでしょうか。過半数組合との36協定は労働協約とすることもできるため、必ずしも有効期間を定める必要がありません（労基法施行規則17条1項1号）。期

会社が応じなければ破棄できない

過半数代表者　×　会社

破棄通告

過半数組合　○

文書による 90 日前予告で解約できる

間の定めがなければ、当該 36 協定にも労働組合法 15 条が適用される
ため（昭 29.6.29　基発 355）、文書による 90 日前予告をもって解約する
ことができます。

　なお、あらかじめ解約約款を協定に織り込んでおくことも適法とされ
ています。例えば、「協定の有効期間中といえども乙（労働組合）の破
棄通告により失効する」「乙の破棄通告のあった日から 3 日後に失効す
る」といった約款が付されていた場合、いずれも違法な条件ではないか
ら有効とされています（昭 28.7.14　基収 2843　最終改正：平 11.3.31
基発 168）。

参考条文

（労働組合法 15 条）

3　有効期間の定がない労働協約は、当事者の一方が、署名し、又は記
　名押印した文書によつて相手方に予告して、解約することができる。
　一定の期間を定める労働協約であつて、その期間の経過後も期限を定
　めず効力を存続する旨の定があるものについて、その期間の経過後も、
　同様とする。

4　前項の予告は、解約しようとする日の少くとも 90 日前にしなけれ
　ばならない。

[5] 協定締結後に過半数割れした場合

　36協定締結時には過半数組合であったとしても、後に組合員の脱退、退職等で当該組合が過半数の要件を欠いてしまうことがあり得ます。この場合、36協定の効力はどうなるでしょうか。

　そもそも、労基法36条が締結当事者に「過半数」という要件を付しているのは、時間外・休日労働について労働者の団体意思を反映させることにあり、「過半数」は協定成立時の要件であって、協定の存続要件ではありません。したがって、一度適法に成立した36協定は、その有効期間中については、締結当事者にいかなることが起きようとも、原則として効力を左右されることはありません。

　これは締結当事者が過半数代表者の場合でも同じです。過半数代表者が協定締結後に退職したり、他の事業場へ配置転換されたとしても、既に締結した36協定の効力に影響はありません。

4　36協定届の書き方

1　36協定届の様式

[1] 従来からの変更点

　働き方改革関連法による2019年4月改正に伴い、36協定届の様式も変更されました。大きく変更となった点は、特別条項を使う場合に、別の様式（専用の様式）を用いることになった点です。

　従来は、通常の様式の余白部分に特別条項を記載する方法が一般的でした。しかし、新様式では、特別条項を使わないパターン（様式9号）と特別条項を使うパターン（様式9号の2）が用意されることになりました。また、後者は2枚つづりというこれまでにない書式です。

　さらにその後、使用者の欄の押印が廃止され、36協定の適正な締結に向けて、協定当事者の適格性に関する確認のチェックボックスが追加

される等の改正がなされました（2021年4月1日より運用開始）。

[2] 様式の種類

[**図表47**] のとおり、各種様式が用意され、合計7種類の書式から該当するものを選択して使用することになりました。もっとも、様式9号の3〜7については、適用除外事業、もしくは、適用猶予事業・業務従事者に対して時間外労働・休日労働を行わせる場合の書式であり、2019年4月改正前の従来書式を踏襲したものとなっています。

また、届け出に当たっては必ずしもこれらの様式によることなく、必要事項を網羅していれば、横書き、縦書き、その他異なる様式を用いても構わないものとされていますが（労基法施行規則59条の2）、2019年4月の法改正により、届け出をする項目も変更になっている部分があり、そのために様式も新しくなっていること（2021年4月には、さらに様

図表47｜様式の種類（巻末資料**1**〜**7**参照）

区分	用　　　　途	様式	根拠条文
1	限度時間内で時間外・休日労働を行わせる場合（特別条項を使わないパターン）	9号	労基法施行規則16条1項
2	限度時間を超えて時間外・休日労働を行わせる場合（特別条項を使うパターン）	9号の2	労基法施行規則16条1項
3	新技術・新商品の研究開発業務に従事する労働者に時間外・休日労働を行わせる場合	9号の3	労基法施行規則16条2項
4	適用猶予事業・業務従事者[注]に時間外・休日労働を行わせる場合	9号の4	労基法施行規則70条1項
5	4につき、事業場外労働に関する協定の内容を付記して届け出る場合	9号の5	労基法施行規則70条1項
6	4につき、労使委員会の決議届として届け出る場合	9号の6	労基法施行規則70条1項
7	4につき、労働時間等設定改善委員会の決議届として届け出る場合	9号の7	労基法施行規則70条1項

[注]　建設事業従事者、自動車運転者、医師、鹿児島・沖縄における砂糖製造業従事者。

式が変わりました)、36協定は適法に届け出を行わないとその免罰効果は生じないことから、特段の理由がない限り、用意された様式をそのまま使用することをお勧めします。

2 36協定届の記載項目

　限度時間内で時間外・休日労働を行う場合の協定届（様式9号）と、特別条項付きの協定届（様式9号の2）の1枚目は締結当事者の職名、氏名等を記入する欄があるか否かの違いしかなく中身は同じですので、本章では様式9号の2を取り上げ、順に解説していきます。

[1] 一般条項
　様式の1枚目に記載すべき項目は、以下のとおりです。

(1)「労働保険番号」「法人番号」
　法定記載事項ではありませんが、労基署内部での事務効率化のためのものと思われます。なお、個人事業の場合、法人番号はないので記入不要と考えられます。

(2)「事業の種類」「事業の名称」「事業の所在地（電話番号）」 「協定の有効期間」
　対象となる事業場について記載します。「事業の名称」の欄は、工場、支店、営業所等まで記載します。「協定の有効期間」の欄は、起算日を記入し「○○○○年○月○日から1年間」と記載します。

(3) 時間外労働：「時間外労働をさせる必要のある具体的事由」「業務の 種類」「労働者数」「所定労働時間」「延長することができる時間数」
　「②　1年単位の変形労働時間制により労働する労働者」と、「①　下

記②に該当しない労働者」に分かれていますので、該当する行に記載します。

　「時間外労働をさせる必要のある具体的事由」は、「月末の決算事務」や「在庫の棚卸」など具体的に記載する必要があります。「業務の種類」の欄は、「経理」や「購買」など、できる限り業務の区分を細分化し、当該業務の範囲が明確になるようにしなければなりません。「労働者数」については協定当時の該当人数を記載すれば足り、後に変動があったとしても修正届を提出する必要はありません。

　「所定労働時間」の欄は任意項目になります。

　「延長することができる時間数」の欄は、1日、1箇月、1年について、それぞれ法定労働時間を超える時間数を記入します。なお、1年の項目では起算日を記入する必要があります。また、1日、1箇月、1年のそれぞれについて、「所定労働時間を超える時間数」を記入する欄もありますが、こちらは任意項目になります。

(4) 休日労働：「休日労働をさせる必要のある具体的事由」「業務の種類」「労働者数」「所定休日」「労働させることができる法定休日の日数」「労働させることができる法定休日における始業及び終業の時刻」

　「時間外労働」の場合と同様に、こちらも休日労働をさせる可能性があるのであれば、必要事項を記載します。ここでは1年単位の変形労働時間制対象者とそうでない者とを分ける必要はありません。

　「休日労働をさせる必要のある具体的事由」の欄は、「受注の集中」「納期変更」など具体的に記載します。「業務の種類」についても「時間外労働をさせる必要のある具体的事由」の場合と同様に「設計」「機械組立」など、できる限り業務の区分を細分化し、当該業務の範囲が明確になるようにしなければなりません。

　「所定休日」の欄は任意項目です。

　労働をさせる可能性のある法定休日の日数と、その際の労働時間を

記載イメージ

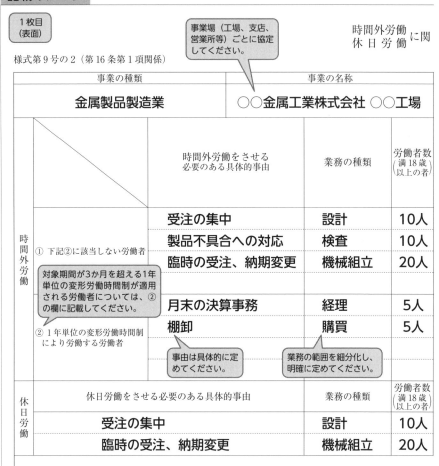

様式第9号の2（第16条第1項関係）

1枚目（表面）

事業場（工場、支店、営業所等）ごとに協定してください。

時間外労働 に関
休 日 労 働

事業の種類	事業の名称
金属製品製造業	○○金属工業株式会社 ○○工場

時間外労働

	時間外労働をさせる必要のある具体的事由	業務の種類	労働者数（満18歳以上の者）
① 下記②に該当しない労働者	受注の集中	設計	10人
	製品不具合への対応	検査	10人
	臨時の受注、納期変更	機械組立	20人
② 1年単位の変形労働時間制により労働する労働者	月末の決算事務	経理	5人
	棚卸	購買	5人

対象期間が3か月を超える1年単位の変形労働時間制が適用される労働者については、②の欄に記載してください。

事由は具体的に定めてください。

業務の範囲を細分化し、明確に定めてください。

休日労働

休日労働をさせる必要のある具体的事由	業務の種類	労働者数（満18歳以上の者）
受注の集中	設計	10人
臨時の受注、納期変更	機械組立	20人

上記で定める時間数にかかわらず、時間外労働及び休日労働を合算した時間数は、1箇月について100時

資料出所：厚生労働省「36協定届の記載例（特別条項）」

122

労働保険番号・法人番号を記載してください。

この協定が有効となる期間を定めてください。1年間とすることが望ましいです。

する協定届

労働保険番号	□□□□ □□ □□ □□□□□□ □□□□ □
	都道府県 所掌 管轄 基幹番号 枝番号 被一括事業場番号
法人番号	□□□□□□□□□□□□□

事業の所在地（電話番号）	協定の有効期間
（〒 ○○○ ― ○○○○ ） ○○市○○町1－2－3 （電話番号： ○○○ ― ○○○○ ― ○○○○ ）	○○○○年4月1日から1年間

所定労働時間（1日）（任意）		延長することができる時間数					

延長することができる時間数

所定労働時間（1日）（任意）	1日		1箇月（①については45時間まで、②については42時間まで）		1年（①については360時間まで、②については320時間まで） 起算日（年月日）　○○○○年4月1日	
	法定労働時間を超える時間数	所定労働時間を超える時間数（任意）	法定労働時間を超える時間数	所定労働時間を超える時間数（任意）	法定労働時間を超える時間数	所定労働時間を超える時間数（任意）
	7.5時間	3時間	3.5時間	30時間	40時間	250時間	370時間
	7.5時間	2時間	2.5時間	15時間	25時間	150時間	270時間
	7.5時間	2時間	2.5時間	15時間	25時間	150時間	270時間
	7.5時間	3時間	3.5時間	20時間	30時間	200時間	320時間
	7.5時間	3時間	3.5時間	20時間	30時間	200時間	320時間

1日の法定労働時間を超える時間数を定めてください。

1年の法定労働時間を超える時間数を定めてください。①は360時間以内、②は320時間以内です。

所定休日（任意）	労働させることができる法定休日の日数	労働させることができる法定休日における始業及び終業の時刻
土日祝日	1か月に1日	8:30〜17:30
土日祝日	1か月に1日	8:30〜17:30

間未満でなければならず、かつ2箇月から6箇月までを平均して80時間を超過しないこと。　☑
（チェックボックスに要チェック）

1か月の法定労働時間を超える時間数を定めてください。①は45時間以内、②は42時間以内です。

1年間の上限時間を計算する際の起算日を記載してください。その1年間においては協定の有効期間にかかわらず、起算日は同一の日である必要があります。

時間外労働と法定休日労働を合計した時間数は、月100時間未満、2〜6か月平均80時間以内でなければいけません。これを労使で確認の上、必ずチェックを入れてください。チェックボックスにチェックがない場合には、有効な協定届とはなりません。

「1か月に〇日」「〇時から〇時」というように、それぞれの欄に記載します。

(5)「上記で定める時間数にかかわらず、時間外労働及び休日労働を合算した時間数は、1箇月について100時間未満でなければならず、かつ2箇月から6箇月までを平均して80時間を超過しないこと。（チェックボックスに要チェック）」

　この一行に目を通し、チェックボックスにチェックを入れなければなりません。まるで通販サイトの重要事項確認プロセスのようですが、過労死問題を懸念してこの様式が作られていることの表れではないかと思われます。なお、2〜6カ月の平均は1年の起算日をまたぐ場合にも適用されます。また、チェックボックスにチェックがない場合には有効な協定とはならない旨が様式裏面の「記載心得」の7項に明記されています。

[2]　特別条項

　次に、2枚目の記載項目です。こちらは特別条項に関することがメインになります。

(1)「臨時的に限度時間を超えて労働させることができる場合」

　法文では「通常予見することのできない業務量の大幅な増加等に伴い臨時的に」と規定されています（労基法36条5項）。通常予見可能なレベルのものであれば、あらかじめ人員を補充するなり計画的に業務を進めるなりして備えをしておくべきであり、限度時間を超えて労働させるべきではない、というのが労基法の考え方です。よって、「業務の都合上必要な場合」といった抽象的かつ緊急性のうかがわれない事象を記載するのではなく、「突発的な仕様変更」「製品トラブル」「大規模なクレームへの対応」といった、予定外の重大な事象が生じた場合について記載し、めったなことでは特別条項は使用しない、という姿勢を示すことが

必要です。

(2) 「業務の種類」「労働者数」

留意点は1枚目と同じです。

(3) 「延長することができる時間数」

1日、1箇月、1年について、それぞれ延長時間数等を記載します。1枚目と同様、1年については起算日も記入します。なお、ここでいう延長時間とは、限度時間である月45時間、年360時間（1年単位の変形労働時間制の場合は月42時間、年320時間）を超える時間ではなく、1日8時間、1週40時間の法定労働時間を超える時間をそのまま記載します（限度時間に収まる部分も含める）。なお、1箇月の欄だけは、時間外労働のみならず「休日労働を含んだ時間数」を記載する必要がありますので留意してください。1日と1年の欄では時間外労働のみを記載します。また、1日の「法定労働時間を超える時間数」、1日、1箇月、1年の「所定労働時間を超える時間数」欄は、いずれも任意項目になります。

さらに、1箇月の列には特別条項を使用する回数（年に6回が上限）を記載します。

また、1箇月および1年の列には特別条項適用時に支払われる割増賃金率を記載する欄がありますので、併せて記載します。なお、この率は、25％を超える割増率となるよう努めなければなりません。

(4) 「限度時間を超えて労働させる場合における手続」

協定の締結当事者間の手続きとして、「協議」「通告」等、具体的な内容を記載します。

記載イメージ

2枚目
（表面）

時間外労働
休 日 労 働　に関する協定

様式第9号の2（第16条第1項関係）

臨時的に限度時間を超えて労働させることができる場合	業務の種類	労働者数 （満18歳 以上の者）	1日 （任意） 延長することができる時	
			法定労働時間を 超える時間数	所定労働 超える （任
突発的な仕様変更	**設計**	**10人**	**6時間**	**6.5時**
製品トラブル・大規模なクレームへの対応	**検査**	**10人**	**6時間**	**6.5時**
機械トラブルへの対応	**機械組立**	**20人**	**6時間**	**6.5時**

> 事由は一時的又は突発的に時間外労働を行わせる必要のあるものに限り、できる限り具体的に定めなければなりません。「業務の都合上必要なとき」「業務上やむを得ないとき」など恒常的な長時間労働を招くおそれがあるものは認められません。

> 業務の範囲を細分化し、明確に定めてください。

> 限度時間を超えて労働させる場合にとる手続について定めてください。

限度時間を超えて労働させる場合における手続	**労働者代表者に対する事前申し入れ**	
限度時間を超えて労働させる労働者に対する健康及び福祉を確保するための措置	（該当する番号） ①、③、⑩	（具体的内容）**対象労働者への医職場での時短対策**

> 限度時間を超えた労働者に対し、裏面の記載心得1（9）①〜⑩の健康確保措置のいずれかの措置を講ずることを定めてください。該当する番号を記入し、右欄に具体的内容を記載してください。

上記で定める時間数にかかわらず、時間外労働及び休日労働を合算した時間数は、1箇月について100時

協定の成立年月日　　○○○○年　　3月　　12日

協定の当事者である労働組合（事業場の労働者の過半数で組織する労働組合）の名称又は労働者の過半数を代表する

協定の当事者（労働者の過半数を代表する者の場合）の選出方法（　　**投票による選挙**

上記協定の当事者である労働組合が事業場の全ての労働者の過半数で組織する労働組合である又は上記協定の当事

上記労働者の過半数を代表する者が、労働基準法第41条第2号に規定する監督又は管理の地位にある者でなく、か
続により選出された者であって使用者の意向に基づき選出されたものでないこと。☑（チェックボックスに要チ
○○○○年　　3月　　15日

使

○　○　　労働基準監督署長殿

資料出所：厚生労働省「36協定届の記載例（特別条項）」

126

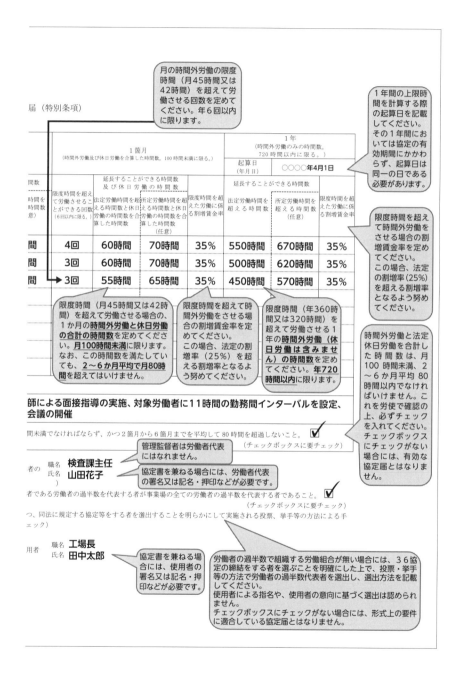

届（特別条項）

月の時間外労働の限度時間（月45時間又は42時間）を超えて労働させる回数を定めてください。年6回以内に限ります。

1年間の上限時間を計算する際の起算日を記載してください。その1年間においては協定の有効期間にかかわらず、起算日は同一の日である必要があります。

間数		1箇月（時間外労働及び休日労働を合算した時間数。100時間未満に限る。）			1年（時間外労働のみの時間数。720時間以内に限る。）起算日（年月日）○○○○年4月1日		
時間を〔意）	限度時間を超えて労働させることができる回数（6回以内に限る。）	延長することができる時間数及び休日労働の時間数		限度時間を超えた労働に係る割増賃金率	延長することができる時間数		限度時間を超えた労働に係る割増賃金率
		法定労働時間を超える時間数と休日労働の時間数を合算した時間数	所定労働時間を超える時間数と休日労働の時間数を合算した時間数（任意）		法定労働時間を超える時間数	所定労働時間を超える時間数（任意）	
間	4回	60時間	70時間	35%	550時間	670時間	35%
間	3回	60時間	70時間	35%	500時間	620時間	35%
間	3回	55時間	65時間	35%	450時間	570時間	35%

限度時間（月45時間又は42時間）を超えて労働させる場合の、1か月の**時間外労働と休日労働の合計の時間数**を定めてください。**月100時間未満**に限ります。なお、この時間数を満たしていても、**2～6か月平均で月80時間**を超えてはいけません。

限度時間を超えて時間外労働をさせる場合の割増賃金率を定めてください。この場合、法定の割増率（25%）を超える割増率となるよう努めてください。

限度時間（**年360時間**又は320時間）を超えて労働させる1年の**時間外労働（休日労働は含みません）の時間数**を定めてください。**年720時間以内**に限ります。

限度時間を超えて時間外労働をさせる場合の割増賃金率を定めてください。この場合、法定の割増率（25%）を超える割増率となるよう努めてください。

時間外労働と法定休日労働を合計した時間数は、月100時間未満、2～6か月平均80時間以内でなければいけません。これを労使で確認の上、必ずチェックを入れてください。チェックボックスにチェックがない場合には、有効な協定届とはなりません。

師による面接指導の実施、対象労働者に11時間の勤務間インターバルを設定、会議の開催

間未満でなければならず、かつ2箇月から6箇月までを平均して80時間を超過しないこと。☑
（チェックボックスに要チェック）

管理監督者は労働者代表にはなれません。

者の　職名　**検査課主任**
　氏名　**山田花子**
）

協定書を兼ねる場合には、労働者代表の署名又は記名・押印などが必要です。

者である労働者の過半数を代表する者が事業場の全ての労働者の過半数を代表する者であること。☑
（チェックボックスに要チェック）

つ、同法に規定する協定等をする者を選出することを明らかにして実施される投票、挙手等の方法による手
ェック）

用者　職名　**工場長**
　氏名　**田中太郎**

協定書を兼ねる場合には、使用者の署名又は記名・押印などが必要です。

労働者の過半数で組織する労働組合が無い場合には、36協定の締結をする者を選ぶことを明確にした上で、投票・挙手等の方法で労働者の過半数代表者を選出し、選出方法を記載してください。
使用者による指名や、使用者の意向に基づく選出は認められません。
チェックボックスにチェックがない場合には、形式上の要件に適合している協定届とはなりません。

(5) 「限度時間を超えて労働させる労働者に対する健康及び福祉を確保するための措置」

　健康福祉確保措置として実施するものを様式裏面の「記載心得」1 項(9)の①～⑩の中から選択し、番号と具体的内容を記載します。

---

① 　労働時間が一定時間を超えた労働者に医師による面接指導を実施すること。

② 　労働基準法第 37 条第 4 項に規定する時刻の間（編注：深夜業〔午後 10 時～午前 5 時〕）において労働させる回数を 1 箇月について一定回数以内とすること。

③ 　終業から始業までに一定時間以上の継続した休息時間を確保すること（編注：勤務間インターバル）。

④ 　労働者の勤務状況及びその健康状態に応じて、代償休日又は特別な休暇を付与すること。

⑤ 　労働者の勤務状況及びその健康状態に応じて、健康診断を実施すること。

⑥ 　年次有給休暇についてまとまつた日数連続して取得することを含めてその取得を促進すること。

⑦ 　心とからだの健康問題についての相談窓口を設置すること。

⑧ 　労働者の勤務状況及びその健康状態に配慮し、必要な場合には適切な部署に配置転換をすること。

⑨ 　必要に応じて、産業医等による助言・指導を受け、又は労働者に産業医等による保健指導を受けさせること。

⑩ 　その他

(6) 「上記で定める時間数にかかわらず、時間外労働及び休日労働を合算した時間数は、1箇月について100時間未満でなければならず、かつ2箇月から6箇月までを平均して80時間を超過しないこと。（チェックボックスに要チェック）」

1枚目と同様、チェックがないと有効な協定とは認められません。

(7) 「協定の成立年月日」
「協定の当事者である労働組合（事業場の労働者の過半数で組織する労働組合）の名称又は労働者の過半数を代表する者の職名、氏名」
「協定の当事者（労働者の過半数を代表する者の場合）の選出方法」

「協定の成立年月日」の欄は、協定届ではなく協定書の成立年月日を記載します。協定書と協定届を兼ねる場合には、労働者側の職名、氏名の欄に署名または記名押印が必要になりますので、署名もしくは押印をもらった日付を記載するのが妥当と考えます。

「協定の当事者の選出方法」の欄は、過半数代表者と締結した場合に記載する項目になります。「投票による選挙」などその選出方法を具体的に記載します。

(8) 「上記協定の当事者である労働組合が事業場の全ての労働者の過半数で組織する労働組合である又は上記協定の当事者である労働者の過半数を代表する者が事業場の全ての労働者の過半数を代表する者であること。（チェックボックスに要チェック）」

2021年4月1日からの新様式で追加された項目です。この一行に目を通し、チェックを入れなければ形式上の要件を欠くことになります。また、旧様式で届け出る場合は、余白に上記を追記するか同内容を転記した紙を添付する必要があります。

(9) 「上記労働者の過半数を代表する者が、労働基準法第41条第2号に規定する監督又は管理の地位にある者でなく、かつ、同法に規定する協定等をする者を選出することを明らかにして実施される投票、挙手等の方法による手続により選出された者であつて使用者の意向に基づき選出されたものでないこと。(チェックボックスに要チェック)」

(8)と同様、2021年4月1日からの新様式で追加された項目です。同様に目を通し、チェックを入れなければ形式上の要件を欠くことになります。また、旧様式で届け出る場合は、余白に上記を追記するか同内容を転記した紙を添付することも同様です。

(10) 「使用者職名、氏名」

使用者側の締結当事者となる者の職名、氏名を記載します。2021年4月1日以降、押印は不要となりました。なお、必ずしも代表取締役である必要はなく、当該事業場の責任者であれば締結当事者となることができます。具体的には、営業所長、工場長等がこれに該当します。

(11) 「届け出年月日」

労基署長に届け出を行う日付を記載します。

5 36協定の届け出

1 届け出先、届け出の時期

[1] 届け出先

36協定は、労基法上は「行政官庁」に届け出ることになっており（労基法36条1項）、労基法施行規則において労基署長に対して届け出る旨

規定されています（労基法施行規則16条1項）。また、36協定は原則として事業場（本社、支店、営業所、工場など）ごとに作成しなければなりません。

　したがって、36協定は、事業場ごとに、各事業場の所在地を管轄する労基署長へ届け出ることになります。

[2] 届け出の時期

　36協定を届け出るだけなら、その時期はいつでも構わないのですが、36協定は、法定労働時間を超える労働や、法定休日の労働を例外的に認めるという「免罰効果」を生むものであり、その免罰効果は労基署長に届け出なければ生じません。よって、36協定を締結し、適法に残業を行わせるためには、それ以前に労基署長に届け出ておく必要があります。つまり、有効期間の開始日までに届け出を済ませておかなければならないということです。

　また、有効期限の過ぎた36協定は無効となりますので、毎年同じ時期に届け出が必要となります。

2　届け出方法

　事業場を管轄する労基署に持参して届け出るのが一般的です。届け出を行うのは、必ずしも法人の代表者である必要はなく、人事・総務部門の担当者で構いません。また、届け出を行う際は、届け出用の原本のほかに写しを用意しておき、原本と写しを1部ずつセットにして提出します。そうすると、写しに労基署の受理印を押してもらえるので、これを持ち帰り保管します。

　郵送で提出することもできますが、その場合は切手を貼付し、宛名を記入した返信用の封筒を同封しておくと、写しに受理印を押したものを返送してもらえます。なお、必須とまではいいませんが、労基署へ書類

を送付する際は、同封した内容物とその数量を記載した「送付状」を添付しましょう。

　もっとも、届け出書類に不備があった場合には、受理してもらえず再提出することになってしまいます。郵送の場合はさらに時間のロスになりますので、できる限り郵送ではなく、窓口に持参することをお勧めします。

　なお、2020年に急激に感染拡大した新型コロナウイルスの影響により、書面、対面、押印を縮小する動きが促進し、36協定届についても電子申請が推奨されています。電子申請については、後述 **4** をご参照ください。

3 本社一括届け出

　前述したとおり、36協定は事業場ごとに締結し、届け出るのが原則ですが、一定の要件を満たせば、届け出については本社で一括して行うことができます。ただし、締結については事業場ごとに行う必要があります。

[1] 一括届け出の要件

　それでは、一括届け出を可能とする要件とは、どんなものでしょうか。それは「本社と全部又は一部の本社以外の事業場に係る協定の内容が同一であること」です（平15.2.15　基発0215002）。具体的にいうと、届け出様式の記載事項のうち、「事業の種類」「事業の名称」「事業の所在地（電話番号）」「労働者数」以外の事項がすべて同一である必要があります。

　すなわち、「協定の当事者である労働組合の名称又は労働者の過半数を代表する者の職名・氏名」と「使用者の職名・氏名」も同一でなければなりません。したがって、労働者側は過半数組合が、使用者側は社長自らが、それぞれ締結当事者となる必要があります。

もっとも、2021年3月29日より、電子申請による場合に限り、労働者側については、過半数組合ではなく、事業場ごとに過半数代表者を選出している場合であっても、一括して届け出ることができるようになりました。

　なお、前述したとおり、「一括届け出」とは、あくまでも「届け出」事務を一括で行うだけであり、「締結」そのものは依然として事業場ごとに行う必要があります。したがって、企業全体で見た場合には「過半数組合」といえたとしても、事業場単位で見た場合に「過半数組合」に該当しない場合には、その事業場においては過半数代表者を選出してその者と締結をしなければなりません。

　また、本社一括届け出を可能とするためには、協定の内容が同一でなければなりません。そこで、時間外労働等の上限を、これが最大となる事業場の上限に全社的に統一するという手法を取ることが便利と思われがちですが、このような理由で上限時間を設定することは時間外労働等を原則禁止している法の趣旨に反するため、望ましいことではありません。36協定は各事業場の実態に即した延長時間等を設定すべきとされていることに留意してください（前記通達同旨）。

[2] 一括届け出の方法

　本社を管轄する労基署長に対し、本社と、本社以外の事業場、それぞれの36協定を一括して届け出ます。例えば、本社のほかに、工場が一つ、営業所が二つある場合には、合計4件の36協定を締結し、届け出書を4通作成の上、それぞれの写しを添えて、一括して本社を管轄する労基署長に届け出ます。このとき、添付資料として、「各事業場の名称」「所在地（電話番号）」「所轄労働基準監督署長名」を記載した「届出事業場一覧表」（付録（規定例等）**5**）を提出します。なお、様式は法定されたものではないので、記載事項が網羅されていれば、任意の形式で作成しても問題ありません。

4 電子申請

[1] e-Gov 電子申請とは

　昨今、行政のシステムも徐々に整備され、手続きが電子申請（オンライン）でできるようになりました。社会保険関係、労働保険関係の手続きのみならず、労基法関係の手続きについても、そのほとんどをオンラインで行うことができます。36協定はもちろんのこと、就業規則の変更、変形労働時間制に関する協定等、あらゆるものが対象となります。

　かつては、電子証明書［**図表48**］を取得しないと利用できなかったため、特段の備えのない民間企業にとっては敷居が高かったのですが、「36協定届」をはじめとする労基法関係の手続きについては2021年4月より電子証明書の添付が不要となったため、今後利用する企業も増えてくるのではないかと思われます。なお、社会保険関係手続き、雇用保険関係手続きおよび労働保険関係手続きについては、引き続き電子証明書が必

図表48 | 電子証明書とは

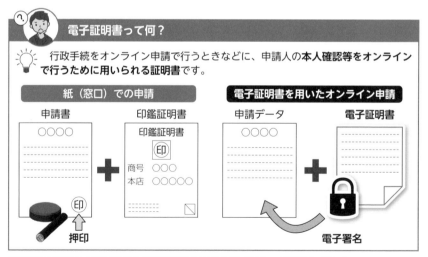

資料出所：法務省「商業登記電子証明書はじめてガイド」を基に一部加工して作成

要とされています（2021年5月現在）。

[2] e-Gov 電子申請の利用方法

　e-Gov 電子申請を利用する際に必要となるのは、「パソコン」「e-Gov 電子申請アプリケーション」、そして、同アプリケーションにログインするための「アカウント」です [図表49]。まず、「パソコン」の設定を確認しましょう。特殊な設定をしていなければ特に必要な作業はないと思いますが、e-Gov 電子申請についての説明が記載されたホームページ「e-Gov ポータル」によると、ブラウザのポップアップブロックの解除および信頼済みサイトへの登録（Internet Explorer 11 の場合のみ）が推奨されています。

　次に、「e-Gov 電子申請アプリケーション」にログインするための「アカウント」を取得しましょう。利用できる「アカウント」には、「e-Gov アカウント」「G ビズ ID」「Microsoft アカウント」の三つがあります。「G ビズ ID」もしくは「Microsoft アカウント」を既に取得している場合は、これらのアカウントでログインできるため、新たに「e-Gov アカウント」を取得する必要はありません。なお、「e-Gov アカウント」は「e-Gov ポータル」で取得することができます。メールアドレスを仮登録し、認証を受けて本登録をすれば完了です。

　次に、「パソコン」に「e-Gov 電子申請アプリケーション」をインストー

図表49 ｜ e-Gov 電子申請の事前準備

ステップ1 利用環境の確認・準備		ステップ2 アカウントの取得		ステップ3 アプリケーションの インストール
e-Govで電子申請する上での動作確認環境を満たしたパソコンの準備や、ブラウザの設定変更		「e-Gov アカウント」を取得。「G ビズ ID」もしくは「Microsoft アカウント」のいずれかを既に取得している場合は不要		e-Gov電子申請アプリケーションを、パソコンにインストール

ルします。これも「e-Govポータル」から行うことができます。
Windows版とmacOS版がありますので、対応するものを選択してインストールすれば準備完了です。

[3] e-Gov電子申請による届け出

　e-Gov電子申請システムから、「手続検索」のページに進み、目的の様式を検索し、「申請書入力へ」をクリックして、必要事項を入力して届け出を行います。36協定届の様式は、通常のもの、特別条項付きのもの、事業場外労働の協定が付記されたものなど、さまざまなパターンがありますので、間違えないようにきちんと確認してください。

　また、これまで本社一括届け出を行うことができるのは、すべての事業場について締結当事者が一つの過半数組合となる場合に限られていましたが、2021年3月29日より、電子申請であれば、事業場ごとに過半数代表者を選出している場合であっても、一括届け出をすることができるようになりました。

5 届け出の保存

　36協定については、これを労働者に周知する義務のみならず、適切に保存する義務があります。36協定は、労基法109条の「賃金その他労働関係に関する重要な書類」に該当するため、3年間の保存義務があります。そして、いつから3年間保存する必要があるのか、というと、労基法施行規則56条5号に「完結の日」と規定されているため、36協定の有効期間の満了日を起算点として3年間保存することになります。

　保存方法については、特に法定されていないので、紛失や汚損等のないようにきちんとファイルにとじるなどして適切な場所に保管すればよいのですが、一方で、これを労働者に周知する義務もありますので、「常時各作業場の見やすい場所へ掲示し、又は備え付けること」（労基法

106条1項）により周知を図る場合には、原本は厳重に保管しておき、写しを労働者閲覧用として備え付けるのがよいでしょう。

　なお、実際に科されることは考えにくいですが、法文上、保存義務違反については30万円以下の罰金という罰則もあります（労基法120条1号）。

6　36協定によらない届け出方法

　時間外・休日労働を適法ならしめるには、原則として36協定の締結と届け出が不可欠となりますが、以下に紹介するのは、36協定の締結を経ないで、36協定と同じ効力が得られる制度です。

[1] 労使委員会の決議届

　労基法38条の4に規定されている「労使委員会」には、単に企画業務型裁量労働制に関する決議を行うだけでなく、さまざまな権限が与えられています。そのうちの一つが「時間外・休日労働」に関する決議です。すなわち、「労使委員会」において、出席委員の5分の4以上の多数による議決をした場合は、その決議を労使協定に代わるものとして取り扱うことができるのです（労基法38条の4第5項）。

　なお、この場合の届け出様式も、様式9号（特別条項を付す場合は様式9号の2）を使用しますが、委員の5分の4以上の多数による議決により行われたものである旨、委員会の委員数、委員の氏名を記入した用紙を別途添付の上、届け出るものとされています。ただし、適用猶予事業・業務については、猶予期間中（2024年3月31日まで）、従来の様式にならい、これらを1枚にまとめたもの（様式9号の6）を用います。

[2] 労働時間等設定改善委員会の決議届

　労働時間等設定改善委員会とは、労働時間等設定改善法6条に規定さ

れた委員会で、「事業主を代表する者及び当該事業主の雇用する労働者を代表する者を構成員とし、労働時間等の設定の改善を図るための措置その他労働時間等の設定の改善に関する事項を調査審議し、事業主に対し意見を述べることを目的」とするために設置されるものです。

全部の事業場を網羅した企業全体の委員会と、事業場ごとに設置する委員会の2種類があります。このうち、後者の委員会に、出席議員の5分の4以上の多数による議決によって、36協定ほか、労使協定の代替決議を行う権限が与えられています（労働時間等設定改善法7条）。

なお、労使委員会の場合と同様に、委員の半数が過半数組合もしくは

Column

労使委員会の要件

①委員数

労働者代表委員、使用者代表委員、各2名以上、計4名以上で構成する必要があります。仮に各1名、計2名の委員会を認めてしまうと、実質において過半数代表者と使用者とが締結する労使協定と何ら変わらなくなってしまうからです（平12.1.1　基発1）。

②委員の指名

使用者代表委員については特に法の定めはありませんが、労働者代表委員については、過半数組合もしくは過半数代表者から任期を定めて指名された者でなければなりません（労基法38条の4第2項1号）。任期の限度に定めはありませんが、過度に長期とすることは適当でないとされています（前記通達）。

③議事録の作成、保存、周知

議事録は労使委員会開催の都度作成し、開催日（決議が行われた場合はその決議の有効期間の満了日）から起算して3年間保存しなければなりません（前記通達）。また、労働者へ周知する方法は36協定の場合と同様です。

④運営規程の作成

招集、定足数、議事その他労使委員会の運営について必要な事項に関する規程を定める必要があります（前記通達）。

━━━━━━━━━━━━━━━━━━━━━━━━━━━━━━━━━━ **Column** ━━━

衛生委員会による代替決議の廃止

　以前は、一定の要件を満たす衛生委員会を、労働時間等設定改善委員会とみなす旨の規定があり、これにより衛生委員会で 36 協定の代替決議をすることも可能とされていました（旧労働時間等設定改善法 7 条 2 項）。しかし、2019 年 4 月改正により、労働時間等の設定の改善を図るための措置についての調査審議機会をより適切に確保するとの観点から、同制度は廃止になりました（経過措置として旧制度における決議は最大 3 年間有効）。

━━━

　過半数代表者の推薦に基づき指名されていること、開催の都度、議事録が作成され、3 年間保存されていること、委員の任期、委員会の招集、定足数、議事等を内容とする委員会の運営規定が定められていること、が要件となります。

　また、代替決議をした場合の届け出様式も、様式 9 号（特別条項を付す場合は様式 9 号の 2）を使用しますが、委員の 5 分の 4 以上の多数による議決により行われたものである旨、委員会の委員数、委員の氏名を記入した用紙を別途添付の上、届け出るものとされています。ただし、適用猶予事業・業務については、猶予期間中（2024 年 3 月 31 日まで）、従来の様式にならい、これらを 1 枚にまとめたもの（様式 9 号の 7）を用います。

6　36 協定の運用

1　割増賃金の計算

[1] 割増賃金の支払い

　36 協定は、法定労働時間を超える労働や、法定休日の労働について、これを行った場合でも一定の時間、日数までは罰しないという免罰効果

をもつものにすぎません。実際に時間外労働等が行われた場合には、別途、割増賃金を支払う必要があります。

　割増賃金については労基法 37 条に定めがあり、その計算方法についても法定のものがありますが、これは最低基準を定めたものであり、実際にどのように計算をするかは労使協議に委ねられている、と解されています（国際自動車事件　最高裁三小　平 29.2.28 判決）。もっとも、独自の計算方法で算出した額が法定の最低基準を下回る場合には、差額を支払う義務が生じるのは当然のことです。

[2] 時間外・休日・深夜労働の場合

(1) 基本的な考え方

　割増賃金の計算は時間単価に割増率と支給対象となる時間数を乗じて行います。例えば、時給 1000 円で 20 時間の時間外労働と 8 時間の休日労働が行われた場合、

| 時間外労働 | 1000 円 ×1.25 × 20 時間 ＝ 2 万 5000 円 |
| 休日労働 | 1000 円 ×1.35 × 8 時間 ＝ 1 万　800 円 |

となります。深夜時間帯に係る場合の割増率はさらに 25％上乗せとなります。また、月間の時間外が 60 時間超となった場合の割増率は 50％

図表 50 ｜ 基礎単価の算出イメージ

【例】基本給 24 万 3000 円、年間所定休日 122 日、1 日の所定労働時間が 8 時間の場合

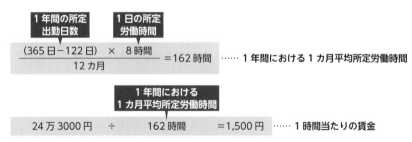

資料出所：東京労働局「「しっかりマスター」労働基準法〈割増賃金編〉」を基に一部加工して作成

となります（割増率についての詳細は本章 **1** **3** 参照）。

　月給制の場合も、基礎単価となる時給を算出して、これに割増率と該当時間数を乗じて算出することになります [**図表50**]。基礎単価の算出は次のとおり行います。

　　　（月額給与）÷（年間所定労働時間数 ÷ 12）

　まず、その1年間の所定労働日数をカウントします。その日数に1日の所定労働時間数を乗じたものが年間所定労働時間数となります。これを12で除して1カ月当たりの平均所定労働時間数を算出し、その時間数で月額給与を除して基礎単価を算出します（労基法施行規則19条1項4号）。

(2) 月額給与と除外賃金

　次に、月額給与をいくらとみるかについてですが、これは基本給のみならず、その名称いかんにかかわらず、毎月決まって支払われる手当等の一切を含めて計算します。ただし、次の項目に該当する場合は、算定基礎から除外することができます。これを除外賃金といいます（労基法37条5項、労基法施行規則21条）。

除外賃金
●家族手当
●通勤手当
●別居手当
●子女教育手当
●住宅手当
●臨時に支払われた賃金
● 1カ月を超える期間ごとに支払われる賃金

　これらの手当は、直ちに労働の対価として支払われるものではなく、むしろ恩恵的に支払われるものであり、割増賃金の算定基礎額に含めてしまうとかえって不合理です。そこで、これらを除外して計算することが認められているのです。

(3) 除外賃金にできない手当

　もっとも、「家族手当」や「住宅手当」といった名称を用いていても、その実態がない場合には除外賃金とすることはできません。例えば、家族の有無にかかわらず、一律2万円を家族手当として支給しているとか、持ち家、賃貸、実家の両親と同居等、居住形態を問わず定額で住宅手当を支給している、といった場合には除外賃金には該当しません。家族手当であれば被扶養者の人数等に応じて支給する、住宅手当であればローン返済額や家賃の金額に応じて一定割合を支給する（もしくは段階的に支給する）、といったものである必要があります。

(4) 臨時に支払われた賃金

　また、「臨時に支払われた賃金」とは、「臨時的、突発的事由にもとづいて支払われたもの、及び結婚手当等支給条件は予め確定されているが、支給事由の発生が不確定であり、且非常に稀に発生するものをいう」（昭22.9.13　発基17）とされています。精勤手当や報奨手当等、一定の条件をクリアした場合に支払われる手当は、「非常に稀」に発生するものとはいえないため、除外賃金には該当しません。

〈時間外労働に係る割増賃金の計算方法〉

$$\frac{（月額給与総額-除外賃金）}{月平均所定労働時間数} \times 当該月の時間外労働の時間数 \times 1.25$$

[3] 変形労働時間制、フレックスタイム制の場合

(1) 1カ月単位の変形労働時間制

　1カ月単位の変形労働時間制が適用される場合でも、特定された週・日以外で1日8時間・週40時間を超えて労働したときには、割増賃金の支払いが必要になります。なお、変形労働時間制およびフレックスタイム制に共通していえることですが、これらの制度は、1日8時間、1週40時間という法定労働時間の特例措置ですから、深夜労働、および、休日労働には適用されません。仮に1週40時間以内に収まっていたと

しても、深夜、法定休日の労働となる場合には、それぞれ 25%、135%
の割増賃金の支払いが別途必要になります。

(2) 1 年単位の変形労働時間制

　1 年単位の変形労働時間制が適用される場合、1 週間当たりの労働時
間の平均が法定の範囲内に収まっている限りにおいては、割増賃金の支
払いは必要ありません。しかし、あらかじめ特定した週・日以外の「1
日 8 時間・週 40 時間」を超えた労働、および、特定した週・日におけ
る「1 日 10 時間・週 52 時間」を超えた労働については、割増賃金の支
払いが必要となります。

Column

年俸制

　年俸制を採っているから残業代を支払う必要はない、と考えるのは間違い
です。賃金の「定め方」について特に法規制はありませんので、いわゆる「年
俸制契約」をすること自体は可能ですが、賃金の「支払い方」には法規制が
あります。

　労基法 24 条 2 項により、必ず月に 1 回は支払いをしなければならないの
です。したがって、いわゆる年俸を定めた場合でも、それを 12 等分して、
毎月支払うという方法を採ることになり、その月例給与を基礎として割増賃
金を支払います。

　なお、年俸を 14 〜 16 等分することで、「賞与」として 1 〜 2 カ月分 ×
2 回支給する方法もよく見受けられますが、この場合留意しなければならな
いことがあります。それは、「賞与」とは支給額が予め確定されていないも
のをいい、支給額が確定しているものは「賞与」とみなさない（昭 22.9.13
発基 17）と解されていることです。年俸制により支給額があらかじめ確定
している場合には、「賞与」として支給する部分について、これを除外賃金
として割増賃金の計算基礎額から除外することはできません。この場合、年
俸を 12 分割した金額を給与月額として割増賃金を計算することになります
（平 12.3.8　基収 78）。

---

(3) 1 週間単位の非定型的変形労働時間制

　1 週間単位の非定型的変形労働時間制が適用される場合には、1 日 10 時間まで割増賃金の支払いを要することなく労働させることができるようになります。

　しかし、1 日 10 時間を超えた労働時間、および、その週の 40 時間を超えた労働時間については割増賃金の支払いが必要となります。

(4) フレックスタイム制

　フレックスタイム制が適用される場合、割増賃金の支払いが必要となるのは、実労働時間が清算期間の総労働時間（総枠）を超えたときです。なお、1 カ月を超える期間を清算期間と定めた場合には、1 カ月ごとに労働時間の平均をとり、1 週間当たり 50 時間を超えたときにも割増賃金の支払いが必要となります。

―――――――――――――――――――――――――――――――――――――― **Column** ――――

端数処理

　さまざまな会社のお話を伺っていると、時に、「うちの会社は、残業は 10 分単位で計算をしている」という話を聞くことがあります。確かに事務処理上 5 分単位や 10 分単位でカウントするほうが簡便ですが、処理の仕方によっては賃金未払い（労基法 24 条違反）となってしまいます。本来、賃金の計算は 1 分単位で行わなければならないからです。

　唯一、例外処理として認められているのは、月単位の合計時間のうち 1 時間未満の端数を、30 分単位で切り上げないし切り捨てすることだけです（昭 63.3.14　基発 150・婦発 47）。しかし、この場合でも日々の残業時間はやはり 1 分単位でカウントしなければなりません。もっとも、労働者に有利なように処理するのであれば違法にはなりませんので、どうしても日々の残業時間を 5 分単位、あるいは 10 分単位でカウントしたいのであれば、端数を切り捨てではなく、常に切り上げをしなければなりません。

歩合給

　歩合給とは、個人の成績や売り上げに応じて変動する賃金のことをいい、「出来高給」ともいいます。歩合給の典型的なものとしては、営業社員に対して契約件数等に応じて支払われる手当や、タクシー運転手に対して揚高の一定割合として支払われる手当などがあります。

　歩合給の支払いがある場合は、固定給部分と歩合給部分を分けて割増賃金を計算し、その合計金額を支給することになります。なぜなら、歩合給部分に対応する割増賃金の計算方法は固定給部分のそれと異なるからです。

　そもそも歩合給を支払っている場合には、一般に時間を延長して働いていたことで成果が上がったという関係が認められることから、割増賃金を計算する上でも、いわゆる100％に当たる部分は、既に歩合給の中に含まれていると解釈されます。したがって、歩合給部分の基礎単価を算出する際は、「月の平均所定労働時間数」で除すのではなく、「その月の総労働時間数」で除すことになり、割増賃金の額も1.25倍ではなく、0.25倍で計算することになります（昭23.11.25　基収3052　最終改正：平11.3.31　基発168）［図表51］。

〈歩合給部分の時間外労働に係る割増賃金の計算方法〉

$$\frac{\text{出来高払いその他の請負制によって計算された賃金総額}}{\text{当該賃金計算期間における総労働時間数}} \times \text{当該月の時間外労働の時間数} \times 0.25$$

図表51 ｜ **歩合給の割増賃金計算イメージ**

【例】ある月の実績給（歩合給）の合計が190,000円であった労働者が、その月に法定時間外労働18時間を含めて190時間労働していた場合

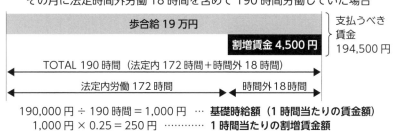

190,000円 ÷ 190時間 ＝ 1,000円 … **基礎時給額（1時間当たりの賃金額）**
1,000円 × 0.25 ＝ 250円 ………… **1時間当たりの割増賃金額**
250円 × 18時間 ＝ 4,500円 …… **当月の割増賃金額**

資料出所：東京労働局「しっかりマスター労働基準法〈割増賃金編〉」

[4] 事業場外みなし労働時間制、裁量労働制の場合

　変形労働時間制やフレックスタイム制と異なり、事業場外みなし労働時間制や裁量労働制の場合は、労働時間を実働時間のいかんにかかわらず、一定の時間数とみなす制度ですから、その「みなし時間」が法定労働時間内であれば、割増賃金の支払いは必要ありません。逆にいえば、「みなし時間」が法定労働時間を超えている場合には、実働時間が何時間であろうと、必ず法定労働時間を超えている時間について割増賃金を支払う必要があります。

　なお、みなし労働時間制も、1日8時間、1週40時間という法定労働時間の特例措置ですから、深夜労働、および休日労働には適用されません。深夜、法定休日の労働となる場合には、それぞれ25％、135％の割増賃金の支払いが別途必要になります。

[5] 定額残業代制度
(1) 定額残業代制度とは

　定額残業代制度とは、時間外・休日・深夜労働に対する割増賃金として使用者が支払うべき金員のうちの一定額を、実労働の有無にかかわらず、あらかじめ支払う旨定めた制度をいいます。

　法律上の制度ではありませんが、広く世に浸透しており、一定の要件を満たす限り適法と解されています。「固定残業代制度」「みなし残業代制度」と呼ぶこともあります。

　しかし、正しい知識を得ないまま、ただコスト削減になるからといって、やみくもに導入するだけでは、かえって労働者の不満を高め、時に、残業代が不払いであるとの訴え（残業代請求訴訟）を提起されてしまう場合もあります。

　それでは、どのように運用すれば有効な制度と認められるのでしょうか。定額残業代制度に関する裁判例は数多くありますが、その判断枠組みを分析すると、主に「明確区分性」「計算可能性」「金額適格性」の3

点がポイントになると解されています。

主な裁判例

　高知県観光事件（最高裁二小　平 6.6.13 判決）

　テックジャパン事件（最高裁一小　平 24.3.8 判決）

　医療法人社団康心会事件（最高裁二小　平 29.7.7 判決）など

---

①明確区分性

　まず、一つ目のポイントとして、定額残業代制度を採用する場合には、定額残業代に相当する部分と、通常の賃金に相当する部分とが、明確に区分されていなければなりません（平 29.7.31　基発 0731 第 27）。一般に、定額残業代制度として使用者側が主張するものには、次の二つが考えられます。

- 手当型：定額残業代を基本給とは別の項目として支給するもの
- 組込型：定額残業代を基本給と一本化させて支給するもの

　上記のうち、「組込型」は要注意です。基本給の中に「〇時間分の残業代を含む」といった考え方で、特に書面による明示も行わずに運用していたり、書面があってもその旨を雇用契約書に書いただけ、という企業も中には見られますが、このような運用では、明確にされているとは到底いえず、有効な定額残業代制度とは認められません。

　もっとも、「基本給 32 万円には 1 カ月 20 時間分の時間外労働分に対する定額残業代が含まれる」旨規定しておけば、1 カ月の所定労働時間は決まっているため、定額残業代部分がいくらであるか、導き出すことも不可能ではありません。

（例）　基本給 32 万円、1 カ月 20 時間の定額残業代含む場合

　　割増賃金部分＝ X、1 カ月の所定労働時間＝ 160 時間

　　（32 万円－ X）÷160 時間＝ 1 時間当たりの基礎単価（＝ Y）

　　Y × 20 時間 × 1.25 ＝ X

⇒Y＝1730円、X＝4万3250円　となる

　そのため、このような組込型の定額残業代制度を有効とする考え方も存在します。しかし、労基法は時間外労働等を規制し、これを例外的なものとし、時間外労働等が行われた場合には一定の割増率で計算される割増賃金を支払うべきことを使用者に義務づけていることからすれば、明確区分性の要件は厳格に解されるべきです（白石哲『労働関係訴訟の実務（第2版）』［商事法務］132ページ）。よって、このような基本給組込型の定額残業代制度は無効とされるリスクが高く、導入すべきではありません。

　また、「手当型」の場合にも留意すべき点があります。これは実際に筆者が訴訟代理人として経験したことですが、定額残業代制度の有効性について争われた事案において、裁判官から「割増賃金であることが連想できる手当名称であることが望ましい」という話を聞いたことがあります。「営業手当」や「職務給」といった、割増賃金であることを直ちに連想できない手当の名称で支給する場合には、そもそも、当該手当が「真に残業代として支払われたものといえるのか」という争点が一つ増えてしまうことになります。よって、手当の名称は奇抜なものや無意味な名称は避け、「固定残業手当」「みなし残業代」など、割増賃金であることが容易に連想できるものとすべきです。

②計算可能性

　定額残業代として支払う賃金は、時間外労働に対する割り増しなのか、深夜労働に対する割り増しなのか、あるいは、休日労働についてのものなのかをあらかじめ明示すべきです。例えば、「1日8時間を超える時間外労働につき、月20時間相当の割増賃金として支払う」といった具合に明示することになります。そして、その20時間分の割増賃金がどのような計算式に基づいて計算されているのか、定額残業代の金額の算出根拠を就業規則や労働条件通知書等に記載し、明らかにしておくこと

が望ましいと考えられます。

　なぜこのような明示が必要になるのでしょうか。それは、労働者がいざとなれば自分で割増賃金を計算することができるようにしておくべき、という考え方が根底にあるからです。逆にいえば、労働者が自分で計算できないような不明瞭な支払い方をしていては、定額残業代制度として認めてもらえない可能性がある、ということです。

　なお、近時の裁判例の中には計算可能性の要件をそれほど重視していないものもありますが（日本ケミカル事件　最高裁一小　平30.7.19判決など）、訴訟になった場合に勝てるかどうかではなく、そもそも訴訟にならないようにすることが肝要であり、リスク回避のために運用上は具備しておくべきです。

③金額適格性

　定額残業代は、上記のように、例えば1日8時間を超える時間外労働につき、月20時間相当の割増賃金として支払う、というようなものですから、ある月において実際の時間外労働が20時間を超えた場合には、当該定額残業代では賄うことができません。その場合、当該不足した部分については支払う必要があります（平29.7.31　基発0731第27）。

　もっとも、割増賃金を支払うことは法律上当然の義務なので、③については当然のことをいっているにすぎず、これを定額残業代の有効性の要件とするのはおかしい、とする考え方もあります。確かに、不足部分を払うのは当然なので、支払いがなかったとしてもそれは単に未払いがあるというだけであり、定額残業代制度そのものの有効性とは直接関係がないようにも思えます。しかし、定額残業代制度は法律上の制度として公認されたものではありませんし、当該制度を都合よく解釈して事実上割増賃金の支払いを免れようとする使用者も少なくないことから、裁判所が、適正に運用されているかどうかという点を有効性判断のポイントの一つとすることも、やむを得ないように思われます。したがって、不足分を支払うのは当然として、その旨を定額残業代制度の導入に当た

り明示するなり、就業規則に規定しておくのが望ましいと考えます。

(2) 定額残業代を採用する場合の労働条件の明示

　ちなみに、青少年の雇用の促進等に関する法律（以下、若者雇用促進法）7条に基づき定められた指針にも、青少年の募集に当たって明示し

図表52 │ **定額残業代を採用する場合の労働条件の明示例**

① **基本給**（×× 円）（②の手当を除く額）
② **□□手当（時間外労働の有無にかかわらず、○時間分の時間外手当として△△円を支給）**
③ **○時間を超える時間外労働分についての割増賃金は追加で支給**
【注意点】※「□□」には、固定残業代に該当する手当の名称を記載します。 ※「□□手当」に固定残業代以外の手当を含む場合には、固定残業代分を分けて記載してください。 ※深夜労働や休日労働について固定残業代制を採用する場合も、同様の記載が必要です。

資料出所：厚生労働省「固定残業代を賃金に含める場合は、適切な表示をお願いします。」

参考条文

（平成27年厚労省告示406号　第二の一（一）ハ（ハ））

　賃金に関しては、賃金形態（月給、日給、時給等の区分）、基本給、定額的に支払われる手当、通勤手当、昇給に関する事項等について明示すること。また、一定時間分の時間外労働、休日労働及び深夜労働に対する割増賃金を定額で支払うこととする労働契約を締結する仕組みを採用する場合は、名称のいかんにかかわらず、一定時間分の時間外労働、休日労働及び深夜労働に対して定額で支払われる割増賃金（以下この（ハ）において「固定残業代」という。）に係る**計算方法**（固定残業代の算定の基礎として設定する労働時間数（以下この（ハ）において「固定残業時間」という。）及び金額を明らかにするものに限る。）、**固定残業代を除外した基本給の額**、固定残業時間を超える時間外労働、休日労働及び深夜労働分についての**割増賃金を追加で支払うこと**等を明示すること。

　※　太字部分は筆者による加工

なければならない労働条件の一つとして、定額残業代を採用する場合には前記3要件をきちんと明示しなければならないとする旨の規定が置かれています［図表52］。

2 36協定の更新

[1] 再締結、見直し方 ［図表53］

(1) 再締結の時期

　36協定は、一度締結して届け出さえすればそれで終了、というものではありません。労働協約以外の36協定は必ず有効期間を設けなければならないものとされていますので（労基法施行規則17条1項1号）、その有効期間が経過すれば、当然、36協定を再締結し、これを再度届け出る必要があります。

　なお、36協定は届け出をして初めて免罰効果が生ずるため、従前の36協定の有効期間内にあらかじめ過半数代表者の選出を促し、同人もしくは過半数組合との協議などを行い、新たな36協定の締結ないし届け出まで済ませておく必要があります。36協定の届け出は、過去にさかのぼって効力を及ぼすことはできませんが、あらかじめ届け出をすることは問題ありません。会社や事業場の規模、労使関係の実情等にもより

図表53 ｜ 協定更新の留意点

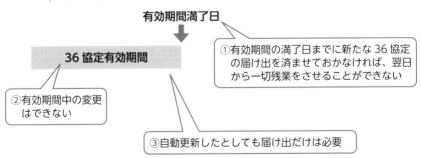

一概にはいえませんが、従前の36協定の有効期間が満了する数カ月前から遅くとも1カ月前には、新たな36協定を締結するための準備に取り掛かるべきと考えます。そして、どんなに遅くとも従前の協定の有効期間の満了日までには新たな36協定の届け出を済ませておかなければ、翌日から一切残業をさせることができなくなってしまいます。

(2) 見直しの内容

　再締結をするに当たり特別なことはなく、従前と同様に過半数代表者の選出を従業員に促し、過半数代表者を決めてもらった上で、36協定の締結を申し出ます。過半数組合がある場合には、同組合に対し申し出を行うことになります。このとき、どのような条件（例えば、時間外労働の上限を何時間にするかなど）で36協定を締結するかは、労使間の協議によることとなりますが、従前の協定内容で特に問題がなければ従前と同じ内容で締結するのが一般的と思われます。

　もっとも、労働時間は本来1日8時間、1週40時間に限られること、残業は原則違法であり、経営側としてもできる限り残業を削減する方向で検討すべきであることから、再締結の際に、36協定の内容を見直すことは意義のあることと考えます。従前の協定内容（上限時間等）と実際に行われた残業時間等を比較検討し、上限時間を何時間とするかなど、実態に即した協定内容となるようにすべきです。

[2] 有効期間中の変更

　36協定を再締結する際、実態に即したものとなるよう、協定の内容を見直すべきといいましたが、それでは、協定の内容を労使合意の下で有効期間中に変更することはできるでしょうか。例えば、残業をあまりすることはないと思って、月20時間、年240時間という上限を設けて36協定を締結したが、実際に運用してみたら月20時間近く残業をする従業員が数多くいた、あるいは、労働者の側からも「もっと残業ができるようにしてほしい」という申し出があったため、今の協定の上限時間

を労使合意の下、月45時間、年360時間としたい、というような場合です。

これは、残念ながら認められません。労使が合意しているのだから問題ないのではないか、と思いがちですが、仮にこれを認めてしまうと、労使合意さえ得られれば、本来認められていなかった時間外労働等を後からいくらでも適法化できることになってしまい、法の趣旨に反するからです。また、36協定の届け出は過去にさかのぼって行うことはできませんので、いずれにしろ、過去の期間について36協定の内容を労使合意により変更することはできません。

なお、例外的に、複数の事業場を有する企業において、対象期間を全社的に統一させたいので、協定の内容は変えずに、対象期間の起算日だけ変えたい、というような場合には、従前の36協定の対象期間中に新たな36協定を再締結することで、起算日をそろえることはできます。ただし、この場合には、新協定を再締結した後の期間においても、新協定を遵守することに加えて、旧協定の対象期間における1年の延長時間、および限度時間を超えて労働させることができる月数を引き続き遵守しなければならないとされています（平30.12.28 基発1228第15）。

[3] 自動更新条項

(1) 自動更新条項

36協定の有効期間は1年とするのが一般的ですが、毎年結び直すのは面倒ともいえます。それでは、契約書でよく見かける「自動更新条項」を36協定に定めることはできるでしょうか。

結論からいうと「可能」ですが、「あまり実益がない」のが実情です。

自動更新条項として考えられるのは、「有効期間満了の1カ月前までに、いずれかの当事者から協定の改正ないし破棄の申し入れがなされなければ、自動的に有効期間を1年間延長する」といったものです。こうした条項が定められていた場合で、この条件が満たされたときは、両当

事者の合意により新しい協定が締結されたのと同視できるため、条項の効力を否定する必要はなく、有効と解されています。

(2) 届け出は必要

　ただ、留意しなければならないこともあります。それは、自動更新したとしても「届け出は必要」ということです。確かに36協定そのものは自動更新できるため、これを新たに結び直す必要はありません。しかし、その協定を更新したことについてはこれを「届け出る必要がある」のです。考えてみれば当たり前のことなのですが、36協定の免罰効果は届け出を行うことで初めて生じるため、協定を自動更新したとしても、免罰効果を得るためにはその都度届け出が必要なのです。なお、届け出る際には、本来の様式を使用する方法のほか、協定を更新する旨の協定を届け出ることでも足りるとされており（労基法施行規則16条3項）、さらに自動更新条項がある場合には、当該協定の更新について労使両当事者のいずれからも異議の申し出がなかった事実を証する書面を届け出ることでも足りる、とされてはいますが（昭29.6.29　基発355）、いずれにせよ、届け出のプロセスにおいて労働者側の押印が必要になることに変わりはありません。

　また、過半数組合がない場合には過半数代表者の選出も必要となるため、結局「やるべきこと」は自動更新条項があってもなくても、あまり変わらないのではないかとも思えます。36協定の内容は、その時点での実情に合わせてできるだけ最小限にとどめるべきであり、残業等の要否は将来変わり得る可能性もあるわけですから、自動更新条項を付けても手続き的な手間はあまり変わらないのであれば、やはり有効期間満了の都度、新たに協定を結び直すのが妥当と考えます。

3 労基署対応

[1] 臨検監督

労基法ほか、労働関係諸法令に関する行政窓口となるのが「労働基準監督署（労基署）」です。雇用保険に関する事務は「公共職業安定所（ハローワーク）」が窓口になりますが、それ以外の労働関係にまつわる事務は、おおむね労基署が窓口になります。36協定の届け出も労基署長に対して行うことになっています。

その労基署から、突然、立ち入り調査を受けたり、使用者が呼び出しを受けたりすることがあります。これを「臨検監督」といいます。

臨検監督が行われる理由は大きく三つあり、定期監督、申告監督、災害時監督です［図表54］。さらに、これらの監督後に改善がなされて

図表54 | **臨検監督のフロー**

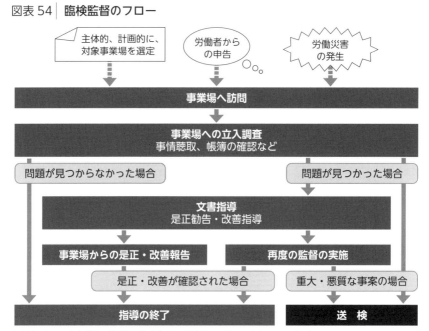

資料出所：厚生労働省「労働基準監督署の役割」を基に一部加工して作成

いるかを監督するものとして、再監督があります。

(1) 定期監督

　労基署における一定の判断なり、仕組みに従い、対象として抽出された事業場に対して行われる臨検監督です。何か問題があって調査を受けるわけではなく、たまたま対象事業場に選出された、ということです。

(2) 申告監督

　労働者の申告によって行われる臨検監督です。申告者が明らかとなる場合もあれば、匿名で行われる場合もあります。筆者が受けた労基署対応の相談の中では、このパターンが最も多いです。

(3) 災害時監督

　企業から提出された「労働者死傷病報告」などから、事故の発生原因に法令違反がありそうなものを労基署がピックアップして実施される臨検監督です。

[2] 臨検監督を受けた場合の対応

　臨検監督の方法には、労働基準監督官（以下、監督官）が事業場を訪問し調査を行うパターンと、会社担当者を労基署へ出頭させるパターンがあります。また、前者の場合には、事前の知らせもなく、抜き打ちで行われる場合もあるようです。ただ、強制力のある手続きではないので、監督官が抜き打ちで来た場合には、都合が悪ければその旨を伝え、日程を変更してもらうこともできます。事前通知がある場合でも、書面に記載された日時だと都合が悪いときには、その旨連絡し、日程を変えてもらうことができます。呼び出しを受けた場合も同様です。

　なお、調査に備え、就業規則や賃金台帳、雇用契約書等、一定の書類を用意するよう指示を受けることがあります。強制力のある調査ではありませんが、理由なく非協力的な態度を取っても、監督官の心証を害するだけで何一つよいことはありませんので、指示を受けた書類はすべて用意しておくべきです。もっとも、存在しない書類をこのとき慌てて作

る必要はありません。例えば、労働条件通知書を作成していなかった場合、これはこれで問題なのですが、後付けで作成しても仕方ないので、正直に「作成していない」と伝えるほかありません。

[3] 是正勧告書と指導票

臨検監督で何か問題が見つかった場合には、「是正勧告書」もしくは「指導票」が交付されます。是正勧告書は、法律違反が見つかった場合にこれを是正するよう求めるものです。是正勧告書の交付を受けた場合、定められた期限までに是正報告書を提出しなければなりません。これに対し、指導票は、法律違反とはいえないが改善することが望ましいと認められたときに交付されるものです。指導票の交付を受けた場合は、定められた期限までに指導票に対する改善措置報告書を提出しなければなりません。

4 こんな場合どうする？

[1] 36協定の限度時間を超えそうな場合

（1）限度時間を超えそうなとき

36協定で定めた限度時間を遵守するのは当然です。意図的にこれを無視して長時間労働を行わせる経営者はさすがにいないでしょうが、意図的ではないにせよ、結果的に限度時間をオーバーしてしまうことはあり得ることです。計画的に仕事を進めようと思っていても、取引先から急きょ仕様変更を求められる、主要メンバーに欠員が出る、下請けが納期を守ってくれない、大規模なクレームが入りその対応に追われるなど、さまざまな想定外の事態が生じ得ます。

しかし、いかなる理由があろうとも限度時間は守らなければなりません。使用者には労働者の労働時間を適正に把握する義務がありますので（安衛法66条の8の3）、労働者が勝手に居残りして残業していた、と

いう主張も通りません。

どうしても限度時間内に収まらない場合は、特別条項を使用して、年6回までという限りはありますが、限度時間を超える労働をさせることはできます。しかし、逆にいえばそれ以外の救済措置はないので、特別条項による上限時間は絶対に遵守しなければなりませんし、年6回の決まりも守らなければなりません。

(2) 限度時間を超えてしまったとき

では、結果的に限度時間を遵守することができず、オーバーしてしまった場合はどうなるでしょうか。

当然、「労基法違反」となりますので、このことで労基署の調査が入り、是正勧告を受けることになったとしても、申し開きすることはできません。繁忙期であったとか、緊急事態であった、といったことは理由になりません。言い訳をするよりも、二度と同じ事態に陥らないように、不測の事態まで想定した人員配置を再構築する、人員不足があるなら速やかにこれを補うなど、是正措置を講ずべきです。

なお、災害時にやむなく時間外労働や休日労働を命ずるのは36協定がなくても可能です。このとき、時間外労働の上限時間を気にする必要はありませんが、その場合でも、時間外労働と休日労働の合計が1カ月100時間未満でなければならず、かつ、2〜6カ月の平均が80時間以内とする労基法36条6項2号、3号の要請には服することになると考えられますので、無制限に残業を命じることができるわけではありません。

[2] 代休や振替休日を付与した場合の休日勤務日数

(1) 休日労働

36協定では、時間外労働の上限を定めるほか、休日労働も命じる可能性があるのであれば、月に何回休日出勤を命じ得るか、休日出勤を行う場合の始業および終業の時刻等について定め、届け出ることになっています。

法定休日の労働は、36協定がなければ認められません。よって36協定で定めた休日労働の回数を超えてしまうと、36協定違反となってしまうのです。時間外労働の上限規制と異なり、休日労働の回数制限については労基法上の定めはないので、休日労働を何回行ったら法違反に当たるということにはなりませんが、36協定に違反する休日労働を行わせること自体、労基法36条に違反していることになります。

　そこで、36協定で定めた休日労働の回数を遵守することが当然求められるわけですが、代休や振替休日を付与した場合、その回数はどのようにカウントしたらよいでしょうか。

(2) 代休

　まず、代休は、休日労働を行った場合に、事後的に「無給休暇」を与えることで労働時間の調整を図るとともに、割増賃金の支払いを抑える制度です（ただし、35％部分の支払いは必要）。この場合、代休を与えたとしても休日労働を行った事実は消えません。したがって、たとえ労働者が適正に代休を消化したとしても、その月に命じることのできる休日労働の回数が復活するわけではありません。

　もっとも、1カ月100時間未満、かつ、2〜6カ月の平均80時間以内という制限は、時間外労働のみならず休日労働の時間も含めての規制であり、この規制に抵触するか否かをみる上では、代休を消化したことにより労働を免除された所定労働時間に相当する時間数を、時間外労働および休日労働の時間数から控除することができると考えられます。この規制は、休日労働の回数を制限するものではなく、労働者の健康面に配慮するために、総労働時間の観点から設けられた規制だからです。

(3) 振替休日

　一方、振替休日の場合はどうでしょう。振替休日制度は、本来休日だった日と所定労働日を事前に入れ替えるものなので、入れ替えの結果、本来休日だった日は労働日となり、この日の勤務は休日労働にはなりません。よって、そもそも36協定を締結する必要もありませんし、

休日労働が行われたものとして労基法36条6項2号、3号の規制を考慮する必要もありません。

[3] 従業員数に大幅な変化があった場合

　36協定届に記入する「労働者数」については、協定当時の該当人数を記載すれば足り、後に変動があったとしても修正届を提出する必要はありません。仮に、大幅な変化があったとしても、時間外労働や休日労働をさせる必要のある「具体的事由」や「業務の種類」に変更がないのであれば、36協定を出し直す必要はないと考えられます。しかし、「業務の種類」等が全く異なる労働者に対して、新たに残業を命じる必要が生じた場合には、新たに36協定を締結し、これを届け出る必要があります。

　例えば、立ち上げて間もない会社で、社長のほか、技術部門の労働者1人しかいなかったため、「労働者数1人」で届け出をしたものの、半年後に同じ技術部門の労働者を10人雇い入れ、合計11人になったという場合でも、当初の36協定に基づき増員された10人に対して有効に残業を行わせることができます。ただし、技術部門の労働者についてしか36協定を締結しておらず、それ以外一切届け出もしていなかった場合で、新たに経理部門の労働者を1人雇い入れ、その者にも残業をさせたい、という場合には、新たに36協定を締結し、これを届け出る必要があります。

[4] 期間の途中で採用した者の限度時間の取り扱い

　36協定の有効期間途中に新たに採用した者に対しても、「業務の種類」等が同じであれば時間外労働等を命じることができます。

　それでは、36協定で定めた上限はその中途入社者についてはどのように解釈すればよいでしょうか。月の途中で入社した場合と、年度の途中で入社した場合について検討します。

(1) 月の途中で入社した場合

　この場合、1カ月45時間という上限がそのまま適用されるのでしょうか。それとも1カ月のうち半分しか在籍していなかったとしたら、案分されて上限も45時間の半分になるのでしょうか。

　この点について、法律は特に言及をしていませんが、案分する旨の規定が存在しない以上、1カ月45時間という上限がそのまま適用されるものと考えられます。しかし、これは「条文上は違法にならない」というだけであって、入社月ならたとえ1週間しか在籍していなくても45時間まで時間外労働をさせてもよい、ということではありません。使用者は労働者に対し安全配慮義務を負っています。法律の規定以前に、入社早々、最初の1週間で45時間の時間外労働をさせるなど、論外です。したがって、法律に規定はなくとも、在籍期間に応じて45時間を案分した時間を上限とするよう心掛けるべきではないかと考えます。

(2) 年度の途中で入社した場合

　例えば、36協定を1月1日から12月31日を有効期間として締結している場合で、7月1日に入社した者については、年間360時間の上限をそのまま適用してよいでしょうか。また、そもそも半年しか在籍しないのに、その間、特別条項を6回フルに使用できるでしょうか。

　この点についても、法律上の定めはないのですが、行政通達では、同一企業内のA事業場からB事業場へ転勤した労働者について、「①法第36条第4項に規定する限度時間及び②同条第5項に規定する1年についての延長時間の上限は、事業場における時間外・休日労働協定の内容を規制するものであり、特定の労働者が転勤した場合は通算されない」とされています（平30.12.28　基発1228第15）。したがって、これを字面どおり解釈すれば、前述の例においても、年間360時間の上限をそのまま適用でき、さらに、12月まで毎月特別条項を使用することも可能、と考えられます。

　しかし、これも先ほどと同様、「違法にならない」というだけであっ

て、安全配慮義務の観点からすれば、好ましいことではありません。よって、年間 360 時間の上限をそのまま適用するのではなく、在籍期間で案分して、延長時間の上限の目安を設定し、自制すべきでしょう。

　なお、前記通達には、1 カ月 100 時間未満、かつ、2 ～ 6 カ月の平均 80 時間以内という制限は、事業場ごとにみるものではなく、「労働者個人の実労働時間を規制するもの」であり、労基法 38 条 1 項により通算して適用される、との記述もあります。この行政解釈に従えば、中途入社者の場合、前職の残業時間を通算する、と考える余地もあり得ます。いずれにせよ、中途入社者であれば残業を命じやすいなどと過信しないことです。

[5] 時間外労働命令を拒否する社員への対応

(1) 労働者の主張を聞く

　36 協定を締結し、適法に届け出を行っても、実務においては残業命令に応じてくれない労働者もいます。このような場合、どのように対処すればよいでしょうか。

　前述のとおり、36 協定には免罰効果しかないので、残業を命じる直接の根拠は就業規則なり、個別の労働契約によることになります。しかし、就業規則等に定めがあっても、自己の都合で残業を拒む労働者は少なからず存在します。だからといって、労働者に強制労働をさせることはできません。そこで、労働者が正当な理由なく残業に応じないのであれば、ペナルティーを科すなどの手段で間接的に命令に従うよう促すほかありません。

　まずは残業を拒む労働者の言い分を聞き、その労働者の主張が正当か否か、判断する必要があります。前述したとおり、年少者や妊産婦等、一定の場合には残業をさせることはできませんので、この場合には労働者の主張に正当性があることになります。また、法定の理由はなくとも、体調不良、親の介護、子どもの送迎等、やむにやまれぬ事情がある場合

にも、使用者は一定の配慮をすべきでしょう。いくら契約上残業を命じることが可能であったとしても、当該労働者の生活面に大きな支障を来す場合や、多大な負担を課すことになる場合には、他の者との代替可能性等を考慮して、残業命令の必要性をあらためて検討すべきです。

(2) 業務命令違反であることを説明

なお、この点につき裁判例（毎日新聞東京本社事件　東京地裁　昭43.3.22 決定）は、「終業時刻真際になって業務命令で時間外労働を命令し得るとなすときは、予め予定された労働者の行動計画ないし生活設計を破壊するような不利益の受認を労働者に強いる結果となることも考えられないでもなく、労働基準法第15条の労働条件明示の規定の趣旨とも関連して、その業務命令に絶対的な効力を認めるとすることは妥当なものであるとはいい難い」とし、「労働者は一応使用者の時間外労働の業務命令を拒否する自由を持っている」と結論づけています。ただし、同決定は「労働者に就業時間後何等の予定がなく、時間外労働をしても、自己の生活に殆んど不利益を受けるような事由がないのに、時間外労働を拒否することは、いわゆる権利の濫用として許されない場合のあることは否定できない」とも述べ、バランスを図っています。

労働者の言い分を聞いた結果、労働者の主張に正当性が認められない場合には、正当な理由のない残業命令拒否は業務命令違反となることを当該労働者に説明し、厳重注意を行うことから始めます。注意指導を繰り返し行ってもこれに従わない場合は、譴責や減給等の懲戒処分も検討していくことになります。

しかし、懲戒処分を受けてもなお残業命令に従わない場合には、当該労働者との関係は最悪のものとなり、もはや正常な労使関係とはいえないステージにまで発展しているでしょうから、退職勧奨もしくは解雇も視野に入れ、労働問題を得意とする弁護士等の専門家に早めに相談しましょう。

[6] 残業を控えるように指示しても従わない社員への対応

(1) 残業の要否を上司が管理する

　長時間労働は労働者の心身を害するばかりか、生産性の面でも不合理なことこの上ないものです。やむにやまれぬ場合は別として、無駄な残業はできる限り減らしたいものです。しかし、経営者や上司がいくら「残業をしないように」と指示しても、これに従わず、残業をしてしまう部下も少なからず存在します。

　残業発生のメカニズムにはさまざまな要因が考えられますが [図表55]、残業の抑制を部下任せにしていると、後に当該部下から残業代請求を受けたり、長時間労働による健康障害の責任を追及された場合に、会社が責任を負うことになる可能性もあります。「早く帰宅するように」と口頭で指示していたとしても、それ以上の対策を講じなかった場合には、「仕事が多くて残業せざるを得ない状況にあった」といった部下の

図表 55 ｜ **残業発生のメカニズム**

類　型	内　　容
付き合い型	上司・同僚が残っていると帰りづらいので会社に残る
独りよがり型	的外れの仕事をして後で修正を迫られ残業に至る
抱え込み型	自分のポジションを守るために同僚に仕事を任せず、残業が増える
生活型	生活費やローン返済に残業代を充てているので帰れない
罰ゲーム型	成果を上げている人が長く働いているので仕事はなくても帰りづらい
ダラダラ型	就業中の密度が薄く、ダラダラと働いている
なりゆきまかせ型	計画性がなく、締め切り間際に残業が続く
自己満足型	メリハリが分からず、すべてを120％に仕上げたくて時間がかかる
がむしゃら型	早く一人前になりたい若手が残業を繰り返す

資料出所：日本経済新聞　2013年7月23日付朝刊

弁解が認められてしまうからです。「部下が勝手に残業をしていた」という会社の言い分は通りません。

　本来、残業は「義務」であって「権利」ではありません。本書で何度も説明しているとおり、残業は本来違法であり、一定の要件をクリアした場合に初めて適法となるものであって、また、上司（会社）が、部下（労働者）に命じて初めてなし得るものなのです。

　したがって、残業をするかどうかを部下任せにするのではなく、きちんと上司（会社）がその要否も含め、管理をするべきです。

(2) 労働時間の適正把握

　時間外労働時間を認定する資料として、入退館記録表によるべきか、あるいは、時間外勤務命令書によるべきかが争われた事案で、裁判所は、就業規則上、所属長の命じていない時間外勤務は認めないとされている場合において、時間外勤務が毎日個別具体的に時間外勤務命令書によって命じられ、時間外勤務が終わった後に従業員本人が実時間を記載して、所属長がその記載を翌日に確認することによって、時間外勤務が把握されているときは、時間外労働時間は入退館記録表ではなく時間外勤務命令書によって管理されていたというべきである旨判示して、労働者の請求を退けました（ヒロセ電機事件　東京地裁　平 25.5.22 判決）。

　労働時間を把握するツールとしては、タイムカードや施設の入退館記録等の客観的なデータによるべきですが（第1章 1 5 [1] 参照）、これを上回るものとして「時間外勤務命令」の有無を裁判所が重視した結果といえます。

　面倒でも、日々の労働時間を適正に把握すること、そして、残業は上司から部下に命ずるものであって、部下が権利として行うものではないことを肝に銘じ、その形式に倣った資料を残すようにすべきでしょう。実態としては部下から上司に対して残業の申請をすることになるとしても、形式上は、上司から部下に対して残業を命じた、という形にしておくべきです（付録（規定例等）3 参照）。

付録（規定例等）

1 時間外・休日労働、割増賃金に関する規定の例

   [1] 正社員（月給制）の場合

   [2] パートタイマー（時給制）の場合

2 定額残業代制度に関する規定の例

3 時間外勤務命令書・報告書の例

4 「特別の事情」がある場合の時間外労働の延長通知の例

5 36協定の本社一括届け出における本社以外の各事業場一覧表

6 代替休暇に関する労使協定の例

7 ノー残業デーに関する労使協定の例

1 時間外・休日労働、割増賃金に関する規定の例

[1] 正社員（月給制）の場合

第●条（時間外・休日・深夜勤務手当）

1　法定労働時間を超えて労働した場合には「時間外勤務手当」を、法定の休日に労働した場合には「休日勤務手当」を、深夜時間帯（午後 10 時から翌日午前 5 時までの間）に労働した場合には「深夜勤務手当」を、それぞれ以下の計算により支給する。

時間外勤務手当	$\dfrac{算定基礎額}{160 \text{時間}} \times 1.25 \times$ 時間外労働時間数
休日勤務手当	$\dfrac{算定基礎額}{160 \text{時間}} \times 1.35 \times$ 休日労働時間数
深夜勤務手当	$\dfrac{算定基礎額}{160 \text{時間}} \times 0.25 \times$ 深夜労働時間数

2　「算定基礎額」とは、基準内賃金から「●●手当」「●●手当」および、「通勤手当」を除いたものをいう。

3　割増賃金の計算を合理的に行うため、1 カ月当たりの平均所定労働時間数は、実際の会社の年間カレンダーにかかわらず、一律 160 時間とする。

4　部長職以上の者については、「時間外勤務手当」および「休日勤務手当」を支給しない。

[2] パートタイマー（時給制）の場合

第●条（時間外・休日・深夜勤務手当）

法定労働時間を超えて労働した場合には「時間外勤務手当」を、法定の休日に労働した場合には「休日勤務手当」を、深夜時間帯（午後 10 時から翌日午前 5 時までの間）に労働した場合には「深夜勤務手当」を、それぞれ以下の計算により支給する。

時間外勤務手当	基本給（時間給）× 1.25 × 時間外労働時間数
休日勤務手当	基本給（時間給）× 1.35 × 休日労働時間数
深夜勤務手当	基本給（時間給）× 0.25 × 深夜労働時間数

2 定額残業代制度に関する規定の例

第●条（定額残業手当）

1　月45時間分の時間外労働が行われた場合に支払うべき割増賃金に相当する金額を、実際の時間外労働時間のいかんにかかわらず、「定額残業手当」として支給する場合がある。

2　「定額残業手当」は以下の計算により支給する。

定額残業手当	$\dfrac{算定基礎額}{160時間} \times 1.25 \times 45時間$

3　「定額残業手当」を支給する場合は、第●条の「時間外勤務手当」は支給しない。ただし、1カ月の時間外労働時間が45時間を超えた場合には、「定額残業手当」とは別に超過分に相当する「時間外勤務手当」を支給する。

4　「休日勤務手当」「深夜勤務手当」が発生したときは、「定額残業手当」と別にこれを支給する。

3 時間外勤務命令書・報告書の例

年　　　月　　　日

時間外勤務命令書

＿＿＿＿＿＿＿＿　殿

次のとおり、時間外勤務を命じます。

代表取締役●●●●

日時	年　　　月　　　日　（　　　）
	時　　　分　　　～　　　時　　　分
理由	

- -

年　　　月　　　日

時間外勤務報告書

代表取締役　●●●●　殿

次のとおり、時間外勤務を行いましたのでご報告いたします。

従業員氏名　●●●●　㊞

日時	年　　　月　　　日　（　　　）
	時　　　分　　　～　　　時　　　分
理由	

4 「特別の事情」がある場合の時間外労働の延長通知の例

年　　月　　日

●●労働組合
執行委員長　　　　　殿

特別条項に基づく時間外労働の延長通知書

　貴組合との●年●月●日付「時間外・休日労働協定書」第●条に定める「特別の事情」による時間外労働の延長につき、下記のとおり通知します。

記

氏　　　　　名　　_____

所　　　　　属　　_____

延長する期間　　_____月_____日　〜　_____月_____日

見込延長時間　　_____時間

延長する回数　　_____回　／　6回

延長する理由　　_____

　　　　　　　　_____

　　　　　　　　_____

以上

---

5 36協定の本社一括届け出における本社以外の各事業場一覧表

届出事業場一覧表

事業場の名称	所在地（電話番号）	所轄労働基準監督署長名	備考
		労働基準監督署長	
		労働基準監督署長	
		労働基準監督署長	
		労働基準監督署長	
		労働基準監督署長	
		労働基準監督署長	
		労働基準監督署長	
		労働基準監督署長	
		労働基準監督署長	
		労働基準監督署長	
		労働基準監督署長	
		労働基準監督署長	
		労働基準監督署長	
		労働基準監督署長	
		労働基準監督署長	

代替休暇に関する協定書

　●●株式会社（以下「会社」という。）と●●株式会社従業員代表●●●●は、代替休暇に関し、次のとおり協定する。

（対象者および期間）
第1条　代替休暇は、賃金計算期間の初日を起算日とする1カ月（以下「1カ月」という。）において、60時間を超える時間外労働を行った者のうち、半日以上の代替休暇を取得することが可能な者（以下「代替休暇取得可能者」という。）が取得の意向を示した場合に、当該月の末日の翌日から2カ月以内に与えられる。

（付与単位）
第2条　代替休暇を付与する単位は1日または半日とする。この場合の半日とは、午前（●時から●時）、または午後（●時から●時）の●時間をいう。

（代替休暇の計算方法）
第3条　代替休暇の時間数は、1カ月60時間を超える時間外労働時間数に換算率を乗じて得た時間数とする。

2　前項の換算率は、代替休暇を取得しなかった場合に支払う割増賃金率50％から代替休暇を取得した場合に支払う割増賃金率25％を差し引いた25％とする。また、会社は、代替休暇を取得した場合、取得した時間数を換算率（25％）で除した時間数については、25％の割増賃金の支払いを要しない。

（代替休暇の時間数の扱い）
第4条　前条の代替休暇の時間数は、代替休暇を取得する時期が代替休暇を取得できる第1条の期間中である場合は、前々月および前月の代替休暇の時間数を合算して半日または1日とすることができることとする。この場

合の代替休暇の時間数は、前々月の時間数を優先する。また、代替休暇の時間数が半日または1日に満たない端数がある場合で、その満たない部分に従業員が就業規則第●条に規定する時間単位の年次有給休暇の取得を請求する場合は、当該時間単位の年次有給休暇と合わせて半日または1日の休暇として与えることができる。ただし、前条の割増賃金の支払いを要しないこととなる時間の計算においては、代替休暇の時間数のみで計算することとする。

(代替休暇取得の意向確認)

第5条　会社は、1カ月に60時間を超える時間外労働を行った代替休暇取得可能者に対して、当該月の末日の翌日から5日以内に、代替休暇取得の意向を確認するものとする。この場合において、5日以内に代替休暇取得の意向が確認できないときは、意向がなかったものとみなす。代替休暇の取得日は従業員の意向を踏まえ決定することとする。

(取得の意向があった場合の賃金)

第6条　会社は、前条の規定による代替休暇取得の意向があった場合には、支払うべき割増賃金額のうち代替休暇に代替される賃金額を除いた部分を、通常の賃金支払日に支払うこととする。ただし、当該月の末日の翌日から2カ月以内に代替休暇が取得されなかった場合には、取得されないことが確定した月に係る割増賃金支払日に残りの25%の割増賃金を支払うこととする。

(取得の意向がなかった場合の賃金)

第7条　会社は、第5条の規定による意向確認の結果、取得の意向がなかった場合には、当該月に行われた時間外労働に係る割増賃金の総額を通常の賃金支払日に支払うこととする。ただし、取得の意向がなかった代替休暇取得可能者から、当該月の末日の翌日から2カ月以内にあらためて取得の意向が表明された場合には、会社の承認により、代替休暇を与えることができる。この場合、代替休暇の取得があった月に係る賃金支払日に過払分の賃金を清算するものとする。

(協定の効力)

第8条　本協定は、●●年●●月●●日より効力を発する。

　●●年●●月●●日

　　　　　　　　　　　　　　●●株式会社 代表取締役　　　　　　㊞

　　　　　　　　　　　　　　●●株式会社 従業員代表　　　　　　㊞

ノー残業デーに関する協定書

　●●株式会社（以下「会社」という。）と●●株式会社従業員代表●●●●は、ノー残業デーに関し、次のとおり協定する。

（目的）
第1条　時間外勤務の削減を図るため、週1回、定時退社日（以下「ノー残業デー」という。）を設けることとする。

（定時退社）
第2条　会社は、原則として、毎週●曜日を「ノー残業デー」とし、全従業員に対し、定時退社を促すものとする。従業員は、緊急、特別の業務がない限り、定時退社をしなければならない。

（祝日等がある週の特例）
第3条　月曜日から金曜日までの間に国民の祝日、夏季休業、年末年始、その他会社の休業日があり、当該週の出勤日が4日以下となる場合には、当該週については「ノー残業デー」は設けない。

（定時退社できなかった場合の措置）
第4条　業務上の都合等で、やむを得ず「ノー残業デー」に定時退社することができなかった従業員については、会社は、翌勤務日を「ノー残業デー」とし、週1回の定時退社を確保するよう努めなければならない。

（協定の効力）
第5条　本協定は、●●年●●月●●日より効力を発する。

●●年●●月●●日

●●株式会社 代表取締役　　　　　㊞

●●株式会社 従業員代表　　　　　㊞

巻末資料

1 限度時間内で時間外・休日労働を行わせる場合（特別条項を使わないパターン）［様式第9号］　［オモテ面］

様式第9号（第16条第1項関係）

時間外労働　に関する協定届
休日労働

労働保険番号				
法人番号				

事業の種類　事業の名称　事業の所在地（電話番号）　協定の有効期間

（〒　－　）

（電話番号：　－　－　）

		時間外労働をさせる必要のある具体的事由	業務の種類	労働者数（満18歳以上の者）	所定労働時間（1日）（任意）	延長することができる時間数			
						1日	1箇月（①については45時間まで、②については42時間まで）	1年（①については360時間まで、②については320時間まで）起算日（年月日）	
						法定労働時間を超える時間数 / 所定労働時間を超える時間数（任意）	法定労働時間を超える時間数 / 所定労働時間を超える時間数（任意）	法定労働時間を超える時間数 / 所定労働時間を超える時間数（任意）	
時間外労働	① 下記②に該当しない労働者								
	② 1年単位の変形労働時間制により労働する労働者								

	休日労働をさせる必要のある具体的事由	業務の種類	労働者数（満18歳以上の者）	所定休日（任意）	労働させることができる法定休日の日数	労働させることができる法定休日における始業及び終業の時刻
休日労働						

上記で定める時間数にかかわらず、時間外労働及び休日労働を合算した時間数は、1箇月について100時間未満でなければならず、かつ2箇月から6箇月までを平均して80時間を超過しないこと。□（チェックボックスに要チェック）

協定の成立年月日　　　年　　月　　日

協定の当事者である労働組合（事業場の労働者の過半数で組織する労働組合）の名称又は労働者の過半数を代表する者の　職名　氏名

協定の当事者（労働者の過半数を代表する者の場合）の選出方法（　　　　　）

上記協定の当事者である労働者の過半数を代表する者が、事業場の全ての労働者の過半数を代表する者であること。　□（チェックボックスに要チェック）
上記労働者の過半数を代表する者が、労働基準法第41条第2号に規定する監督又は管理の地位にある者でなく、かつ、同法に規定する協定等をする者を選出することを明らかにして実施される投票、挙手等の方法による手続により選出された者であって使用者の意向に基づき選出されたものでないこと。　□（チェックボックスに要チェック）

　　　年　　月　　日

使用者　職名　氏名

労働基準監督署長殿

[様式第9号] [ウラ面]

様式第9号（第16条第1項関係）（裏面）

（記載心得）

1 「業務の種類」の欄には、時間外労働又は休日労働をさせる必要のある業務を具体的に記入し、労働基準法第36条第6項第1号の健康上特に有害な業務について協定をした場合には、当該業務を他の業務と区別して記入すること。なお、業務の種類を細分化することにより当該業務の範囲を明確にしなければならないことに留意すること。

2 「労働者数（満18歳以上の者）」の欄には、時間外労働又は休日労働をさせることができる労働者の数を記入すること。

3 「延長することができる時間数」の欄の記入に当たっては、次のとおりとすること。時間数は労働基準法第32条から第32条の5まで又は第40条の規定により労働させることができる最長の労働時間（以下「法定労働時間」という。）を超える時間数を記入すること。なお、本欄に記入する時間数にかかわらず、時間外労働及び休日労働を合算した時間数が1箇月について100時間以上となった場合、及び2箇月から6箇月までを平均して80時間を超えた場合には労働基準法第119条の規定により罰則が科されるおそれがあることに留意すること。

(1) 「1日」の欄には、法定労働時間を超えて延長することができる時間数であって、1日についての延長することができる限度となる時間を記入すること。なお、所定労働時間を超える時間数を併せて記入することができる。

(2) 「1箇月」の欄には、法定労働時間を超えて延長することができる時間数であって、1箇月についての延長することができる限度となる時間を記入すること。なお、所定労働時間を超える時間数を併せて記入することができる。

「1年」の欄には、法定労働時間を超えて延長することができる時間数であって、1年についての延長することができる限度となる時間を記入すること。「起算日」においては、「1年」の欄における時間数の起算日を記入すること。なお、所定労働時間を超える時間数を併せて記入することができる。

4 ②の欄は、労働基準法第32条の4の規定による労働時間により労働する労働者（対象期間が3箇月を超える1年単位の変形労働時間制により労働する者に限る。）について記入すること。なお、延長することができる時間の限度は、1箇月42時間及び1年320時間であることに留意すること。

5 「労働させることができる法定休日の日数」の欄には、労働基準法第35条の規定による休日（1週1休又は4週4休であること。）に労働させることができる日数を記入すること。

6 「労働させることができる法定休日における始業及び終業の時刻」の欄には、労働基準法第35条の規定による休日であって労働させることができる日の始業及び終業の時刻を記入すること。

7 ⑦欄から⑨欄までは、起算日を記入した上で、それぞれ1箇月から6箇月までの期間内の時間外労働及び休日労働の時間数を協定する場合には有効な協定とはならないことに留意すること。

8 協定については、労働者の過半数で組織する労働組合がある場合はその労働組合、労働者の過半数で組織する労働組合がない場合は労働者の過半数を代表する者と協定すること。なお、労働者の過半数を代表する者は、次に留意すること。

（備考）

1 労働基準法施行規則第24条の2第4項の規定により、労使委員会が設置されている事業場において、本様式による協定に替えて、労使委員会の決議を届け出る場合には、委員会の委員の5分の4以上の多数による議決により行われたものである旨、委員会の委員の氏名を記入した用紙を別途提出することとし、本様式中「協定」とあるのは「労使委員会の決議」と、「協定の当事者である労働組合」とあるのは「委員会の委員の半数について任命した労働組合」と、「協定の当事者（労働者の過半数を代表する者）」とあるのは「委員会の委員の半数について任命に当たった労働者の過半数を代表する者」と読み替えるものとする。なお、委員の氏名を記入するに当たっては、任命された委員全員の氏名を記入することとし、過半数について任命をした労働組合又は過半数を代表する者の氏名を記入すること。

2 労働基準法第38条の4第1項の規定により設置される労使委員会及び労働時間等設定改善委員会については、委員の5分の4以上の多数による議決を経て、本様式を用いることとする。

3 労働者の過半数で組織する労働組合がない場合における労働者の過半数を代表する者は、労働基準法施行規則第6条の2第1項の規定により、同法第41条第2号に規定する監督又は管理の地位にある者でなく、かつ、同法に規定する協定等をする者を選出することを明らかにして実施される投票、挙手等の方法による手続により選出された者であって、使用者の意向に基づき選出されたものでないこと。これらの要件を満たさない場合には、有効な協定とはならないことに留意すること。また、これらの要件を満たしているかどうかについて、使用者が確認の上、協定を締結するよう留意すること。

9 本様式をもって協定とする場合においても、協定の当事者たる労使双方の合意があることが、協定上明らかとなるような方法により締結するよう留意すること。

10 本様式で記入部分が足りない場合は同一様式を使用すること。この場合、必要のある事項のみを記入することで差し支えない。

2 限度時間を超えて時間外・休日労働を行わせる場合（特別条項を使うパターン）[様式第９号の２]（１枚目）［オモテ面］

様式第９号の２（第16条第１項関係）

時間外労働
休日労働　　に関する協定届

事業の種類	事業の名称	事業の所在地（電話番号）	協定の有効期間

労働保険番号

法人番号

（〒　　　－　　　　）

（電話番号：　　　－　　　－　　　　）

	業務の種類	労働者数（満18歳以上の者）	所定労働時間（１日）（任意）	延長することができる時間数			

				1日	1箇月（①については45時間まで、②については42時間まで）	1年（①については360時間まで、②については320時間まで）起算日（年月日）	
				法定労働時間を超える時間数	所定労働時間を超える時間数（任意）	法定労働時間を超える時間数	所定労働時間を超える時間数（任意）	法定労働時間を超える時間数	所定労働時間を超える時間数（任意）

時間外労働をさせる必要のある具体的事由

時間外労働

① 下記②に該当しない労働者

② １年単位の変形労働時間制により労働する労働者

	業務の種類	労働者数（満18歳以上の者）	所定休日（任意）	労働させることができる法定休日の日数	労働させることができる法定休日における始業及び終業の時刻

休日労働

休日労働をさせる必要のある具体的事由

上記で定める時間数にかかわらず、時間外労働及び休日労働を合算した時間数は、１箇月について100時間未満でなければならず、かつ２箇月から６箇月までを平均して80時間を超過しないこと。□（チェックボックスに要チェック）

[様式第９号の２（１枚目）［ウラ面］

様式第９号の２（第16条第１項関係）（裏面）

(記載心得)

1 「業務の種類」の欄には、時間外労働又は休日労働をさせる必要のある業務を具体的に記入し、労働基準法第36条第6項第1号の健康上特に有害な業務について協定をした場合には、当該業務を他の業務と区別して記入すること。なお、業務の種類を細分化することにより当該業務の範囲を明確にしなければならないことに留意すること。

2 「労働者数（満18歳以上の者）」の欄には、時間外労働又は休日労働をさせることができる労働者の数を記入すること。

3 「延長することができる時間数」の欄の記入に当たっては、次のとおりとすること。時間数は労働基準法第32条から第32条の5までの規定により労働させることができる最長の労働時間（以下「所定労働時間」という。）を超える時間数を記入すること。なお、本欄に記入する時間数にかかわらず、時間外労働及び休日労働を合算した時間数が1箇月について100時間以上となった場合、及び2箇月から6箇月までを平均して80時間を超えた場合には労働基準法第119条の規定により罰金に処されることに留意すること。

(1)「1日」の欄には、法定労働時間を超えて延長することができる時間数であって、1日についての延長することができる限度となる時間を超えない時間数を記入すること。所定労働時間を超える時間数についても協定する場合においては、所定労働時間を超える時間数を併せて記入することができる。

(2)「1箇月」の欄には、法定労働時間を超えて延長することができる時間数であって、「起算日」において定める日から1箇月ごとについての延長することができる限度となる時間数を超えない範囲内で記入すること（100）の欄で定める1年の起算日と同じ年月日を記入すること。）の欄に記入する「起算日」において定める日から1箇月ごとについての延長することができる時間数であって、1年単位の変形労働時間制により労働する者については42時間を超えない時間数を記入すること。なお、所定労働時間を超える時間数についても協定する場合においては、所定労働時間を超える時間数を併せて記入することができる。

(3)「1年」の欄には、法定労働時間を超えて延長することができる時間数であって、「起算日」において定める日から1年についての延長することができる限度となる時間数（360時間（対象期間が3箇月を超える1年単位の変形労働時間制により労働する者については320時間）を超えない範囲内で記入すること。また、所定労働時間を超える時間数についても協定する場合においては、所定労働時間を超える時間数を併せて記入することができる。

4 「②の欄は、労働基準法第32条の4の規定により労働する労働者（対象期間が3箇月を超える1年単位の変形労働時間制により労働する者に限る。）について記入すること。なお、延長することができる時間数の上限は①の欄の労働者よりも短い（1箇月42時間、1年320時間）ことに留意すること。

5 「労働させることができる法定休日の日数」の欄には、労働基準法第35条の規定により労働させることができる休日（1週又は4週4休）の日数を記入すること。

6 「労働させることができる法定休日における始業及び終業の時刻」の欄には、労働基準法第35条の規定による休日であって労働させることができる日の始業及び終業の時刻を記入すること。

7 労働基準法第36条第6項第2号及び第3号の要件を遵守するチェックボックスについて、「2箇月から6箇月まで」とは、起算日を2箇月前から6箇月前までの期間を指すこと。また、チェックボックスにチェックがない場合は有効な協定とはならないことに留意すること。

8 協定については、労働者の過半数で組織する労働組合がある場合はその労働組合と、労働者の過半数で組織する労働組合がない場合は労働者の過半数を代表する者と協定すること。なお、労働者の過半数を代表する者は、労働基準法施行規則第6条の2第1項の規定により、労働基準法第41条第2号に規定する監督又は管理の地位にある者でなく、かつ、同法に規定する協定等をする者を選出することを明らかにして実施される投票、挙手等の方法による手続により選出された者であって、使用者の意向に基づき選出された者でないこと。これらの要件を満たさない場合には、有効な協定とはならないことに留意すること。

9 本様式をもって協定とする場合においても、協定の当事者たる労使双方の合意があることが、協定上明らかとなるような方法により締結するよう留意すること。

10 本様式例に記入例示がない場合は同一様式を使用する必要はない。この場合、必要のある事項を記入することで足りる。

(備考)

労働基準法施行規則第24条の2第4項の規定により、労働基準法第38条の2第2項の協定（事業場外労働に従事する業務の遂行に通常必要とされる時間を協定する場合の当該協定）の内容を本様式に付記して届け出る場合においては、事業場外労働の対象業務については他の業務とは区別し、事業場外労働の対象業務の遂行に通常必要とされる時間を括弧書きするとともに、「所定労働時間」の欄には当該業務の遂行に通常必要とされる時間を括弧書きすること。また、「協定の有効期間」の欄には事業場外労働に関する協定の有効期間を括弧書きすること。

[様式第9号の2](2枚目)[オモテ面]

様式第9号の2(第16条第1項関係)

時間外労働
休日労働 に関する協定届(特別条項)

臨時的に限度時間を超えて労働させることができる場合	業務の種類	労働者数(満18歳以上の者)	1日(任意)		1箇月(時間外労働及び休日労働を合算した時間数。100時間未満に限る。)				1年(時間外労働のみの時間数。720時間以内に限る。) 起算日(年月日)		
			延長することができる時間数及び休日労働の時間数		延長することができる時間数				延長することができる時間数		
			法定労働時間を超える時間数	所定労働時間を超える時間数(任意)	法定労働時間を超える時間数と休日労働の時間数を合算した時間数	所定労働時間を超える時間数と休日労働の時間数を合算した時間数(任意)	限度時間を超えて労働させることができる回数(6回以内に限る。)	限度時間を超えた労働に係る割増賃金率	法定労働時間を超える時間数	所定労働時間を超える時間数(任意)	限度時間を超えた労働に係る割増賃金率

限度時間を超えて労働させる場合における手続	
限度時間を超えて労働させる労働者に対する健康及び福祉を確保するための措置	(該当する番号)(具体的内容)

上記で定める時間数にかかわらず、時間外労働及び休日労働を合算した時間数は、1箇月について100時間未満でなければならず、かつ2箇月から6箇月までを平均して80時間を超過しないこと。☐ (チェックボックスに要チェック)

協定の成立年月日　　　　年　　月　　日

協定の当事者である労働組合(事業場の労働者の過半数で組織する労働組合)の名称又は労働者の過半数を代表する者の　職名　　　　　　　氏名

協定の当事者(労働者の過半数を代表する者の場合)の選出方法(　　　　　　　　　　　　)

上記協定の当事者である労働組合が事業場の全ての労働者の過半数で組織する労働組合である又は上記協定の当事者である労働者の過半数を代表する者が事業場の全ての労働者の過半数を代表する者であること。☐ (チェックボックスに要チェック)

上記労働者の過半数を代表する者が、労働基準法第41条第2号に規定する監督又は管理の地位にある者でなく、かつ、同法に規定する協定等をする者を選出することを明らかにして実施される投票、挙手等の方法による手続により選出された者であつて使用者の意向に基づき選出されたものでないこと。☐ (チェックボックスに要チェック)

　　　　年　　月　　日

　　　　　　　　　　　　　　使用者　職名
　　　　　　　　　　　　　　　　　　氏名

──────── 労働基準監督署長殿

184

様式第９号の２（第16条第1項関係）（裏面）

（記載心得）

1 労働基準法第36条第1項の協定において同条第5項に規定する事項に関する定めをする場合における本様式の記入に当たっては、次のとおりとすること。

(1) 「臨時的に限度時間を超えて労働させることができる場合」の欄には、当該事業場における通常予見することのできない業務量の大幅な増加等に伴い臨時的に限度時間を超えて労働させる必要がある場合をできる限り具体的に記入すること。なお、業務の都合上必要な場合や業務上やむを得ない場合等恒常的な長時間労働を招くおそれがあるものを記入することは認められないことに留意すること。

(2) 「業務の種類」の欄には、時間外労働又は休日労働をさせる必要のある業務を具体的に記入し、労働基準法第36条第6項第1号の健康上特に有害な業務について協定をした場合には、当該業務を他の業務と区別して記入すること。

(3) 「労働者数（満18歳以上の者）」の欄には、時間外労働又は休日労働をさせることができる労働者の数を記入すること。

(4) 「起算日」の欄には、「時間外労働・休日労働に関する協定届」の起算日と同じ年月日を記入すること。

(5) 「延長することができる時間数及び休日労働の時間数」の欄には、労働基準法第32条から第32条の5まで又は第40条の労働時間（以下「法定労働時間」という。）を超えて労働させることができる時間数並びに休日において労働させることができる時間数を記入すること。「1年」にあっては、時間外労働をさせることができる時間の限度となる時間数を720時間の範囲内において記入すること。なお、これらの時間数を超えて労働させた場合には労働基準法違反（同法第119条の規定により6箇月以下の懲役又は30万円以下の罰金）となることに留意すること。

「延長することができる時間数」の欄の記入に当たっては、次のとおりとすること。時間外労働と休日労働を合計した時間数が1箇月について100時間以上となった場合、及び2箇月から6箇月までを平均して80時間を超えた場合には労働基準法違反となることに留意すること。

(6) 「限度時間を超えて労働させることができる回数」の欄には、限度時間（1箇月45時間（対象期間が3箇月を超える1年単位の変形労働時間制の場合は42時間））を超えて労働させることができる回数を6回の範囲内で記入すること。

(7) 「限度時間を超えた労働に係る割増賃金率」の欄には、限度時間を超える時間外労働に係る割増賃金の率を記入すること。なお、当該割増賃金の率は、法定割増賃金率を超える率とするよう努めること。

(8) 「限度時間を超えて労働させる場合における手続」の欄には、協定の締結当事者間の手続として、「協議」、「通告」等具体的な内容を記入すること。

(9) 「限度時間を超えて労働させる労働者に対する健康及び福祉を確保するための措置」の欄には、以下の番号を「（該当する番号）」に記入した上で、その具体的内容を「（具体的内容）」に記入すること。

① 労働時間が一定時間を超えた労働者に医師による面接指導を実施すること。
② 労働基準法第37条第4項に規定する時刻の間において労働させる回数を1箇月について一定回数以内とすること。
③ 終業から始業までに一定時間以上の継続した休息時間を確保すること。
④ 労働者の勤務状況及びその健康状態に応じて、代償休日又は特別な休暇を付与すること。
⑤ 労働者の勤務状況及びその健康状態に応じて、健康診断を実施すること。
⑥ 年次有給休暇についてまとまった日数連続して取得することを含めてその取得を促進すること。

⑦ 心とからだの健康問題についての相談窓口を設置すること。
⑧ 労働者の勤務状況及びその健康状態に配慮し、必要な場合には適切な部署に配置転換をすること。
⑨ 必要に応じて、産業医等による助言・指導を受け、又は労働者に産業医等による保健指導を受けさせること。
⑩ その他

2 労働基準法第36条第6項第2号及び第3号に定める時間を遵守することはもとより、労働者の過半数で組織する労働組合又は労働者の過半数を代表する者は、当該事業場における通常予見することのできない業務量の大幅な増加等に伴い臨時的に限度時間を超えて労働させる必要がある場合であっても、労働者の健康が確保されるよう、留意すること。

[2箇月から6箇月まで]の欄には、起算日から2箇月から6箇月までの期間を指すこと。また、チェックボックスにチェックがない場合には有効な協定とはならないことに留意すること。

その他労働基準法第36条第6項各号の要件を満たすものではないことに留意すること。協定の内容が同条同項各号に適合したものとなっていない場合には、届出の形式上の要件に適合していても、労働基準法第36条の協定の締結を行ったものとはならないことに留意すること。

3 協定については、労働者の過半数で組織する労働組合がある場合はその労働組合と、労働者の過半数で組織する労働組合がない場合は労働者の過半数を代表する者と協定すること。なお、労働者の過半数を代表する者は、労働基準法施行規則第6条の2第1項の規定により、同法第41条第2号に規定する監督又は管理の地位にある者でなく、かつ、同法に規定する協定等をする者を選出することを明らかにして実施される投票、挙手等の方法による手続により選出された者であって、使用者の意向に基づき選出されたものでないこと。これらの要件を満たさない場合には、有効な協定とはならないことに留意すること。また、これらの要件を満たしている場合であっても、当該要件を満たしていない場合には、協定は無効となることに留意すること。

4 本様式をもって協定とする場合においても、協定の当事者たる労使双方の合意があることが、協定上明らかとなるような方法により締結するよう留意すること。

5 本様式で記入部分が足りない場合は同一様式を使用すること。この場合、協定本様式の記入部分が足りない場合は別の用紙に記入して協定することとして差し支えない。

（備考）

1 労働基準法第38条の4第5項の規定により、労使委員会が設置されている事業場において、本様式を労使委員会の決議として届け出る場合においては、委員の5分の4以上の多数による議決により行われたものである旨、委員会の委員数、委員会の委員のうち労働者を代表する委員の氏名を記入した用紙を別途提出することとし、本様式中「協定」とあるのは「労使委員会の決議」と、「協定の当事者である労働組合（事業場の労働者の過半数で組織する労働組合）又は労働者の過半数を代表する者」とあるのは「委員会の委員の半数について任期を定めて指名した委員の過半数を代表する者」と、「協定の当事者（労働者の過半数を代表する者の場合）の選出方法」とあるのは「委員会の委員の半数について任期を定めて指名した者の過半数を代表する者の選出方法」と読み替えるものとする。なお、委員の氏名を記入するに当たっては、任期を定めて指名された委員とその他の委員とを区別することとし、任期を定めて指名された委員の氏名を記入するに当たっては、同条第2項第1号の規定により、労働者の過半数で組織する労働組合がある場合においてはその労働組合、労働者の過半数で組織する労働組合がない場合においては労働者の過半数を代表する者に任期を定めて指名された委員の氏名を記入すること。

2 労働時間等の設定の改善に関する特別措置法第7条の規定により、労働時間等設定改善委員会が設置されている事業場において、本様式を労働時間等設定改善委員会の決議として届け出る場合においては、委員の5分の4以上の多数による議決により行われたものである旨、委員会の委員数、委員会の委員のうち労働者を代表する委員の氏名を記入した用紙を別途提出することとし、本様式中「協定」とあるのは「労働時間等設定改善委員会の決議」と、「協定の当事者である労働組合（事業場の労働者の過半数で組織する労働組合）又は労働者の過半数を代表する者」とあるのは「委員会の委員の半数について任期を定めて指名した委員の過半数を代表する者」と、「協定の当事者（労働者の過半数を代表する者の場合）の選出方法」とあるのは「委員会の委員の半数について任期を定めて指名した者の過半数を代表する者の選出方法」と読み替えるものとする。なお、委員の氏名を記入するに当たっては、任期を定めて指名された委員とその他の委員とを区別することとし、任期を定めて指名された委員の氏名を記入するに当たっては、同条第1号の規定により、労働者の過半数で組織する労働組合がある場合においてはその労働組合、労働者の過半数で組織する労働組合がない場合においては労働者の過半数を代表する者に任期を定めて指名された委員の氏名を記入すること。

3 新技術・新商品の研究開発業務に従事する労働者に時間外・休日労働を行わせる場合 ［様式第9号の3］ ［オモテ面］

様式第9号の3（第16条第2項関係）

| 時間外労働 | に関する協定届 |
| 休日労働 | |

労働保険番号		都道府県	所掌	管轄	基幹番号	枝番号	被一括事業場番号	
法人番号								

事業の名称		事業の所在地（電話番号）		協定の有効期間
		（〒　　　－　　　　） （電話番号：　　　－　　　　－　　　　）		

	業務の種類	労働者数 （満18歳 以上の者）	所定労働時間 （1日） （任意）	延長することができる時間数		
				1日	1箇月	1年
					法定労働時間を 超える時間数	所定労働時間を 超える時間数 （任意）	法定労働時間を 超える時間数	所定労働時間を 超える時間数 （任意）	起算日 （年月日）
									法定労働時間を 超える時間数	所定労働時間を 超える時間数 （任意）

時間外労働 ① 下記②に該当しない労働者

時間外労働をさせる
必要のある具体的事由

② 1年単位の変形労働時間制
により労働する労働者

	業務の種類	労働者数 （満18歳 以上の者）	所定休日 （任意）	労働させることができる法定 休日の日数	労働させることができる法定 休日における始業及び終業の時刻
休日労働					

休日労働をさせる必要のある具体的事由

上記で定める時間数にかかわらず、時間外労働及び休日労働を合算した時間数は、1箇月について100時間未満でなければならず、かつ2箇月から6箇月までを平均して80時間を超過しないこと。 □ （チェックボックスに要チェック）

協定の成立年月日　　　年　　月　　日

協定の当事者である労働組合（事業場の労働者の過半数で組織する労働組合）の名称又は労働者の過半数を代表する者の 職名
氏名

協定の当事者（労働者の過半数を代表する者の場合）の選出方法（　　　　　　　　　　　　）

上記協定の当事者である労働組合が事業場の全ての労働者の過半数で組織する労働組合である又は上記協定の当事者である労働者の過半数を代表する者が事業場の全ての労働者の過半数を代表する者であること。 □ （チェックボックスに要チェック）

上記労働者の過半数を代表する者が、労働基準法第41条第2号に規定する監督又は管理の地位にある者でなく、かつ、同法に規定する協定等をする者を選出することを明らかにして実施される投票、挙手等の方法による手続により選出された者であつて使用者の意向に基づき選出されたものでないこと。 □ （チェックボックスに要チェック）

　　　年　　月　　日

使用者 職名
氏名

労働基準監督署長殿

[様式第 9 号の 3]（第 16 条第 2 項関係）　［ウラ面］

（記載心得）

1　「業務の種類」の欄には、労働時間を延長し、又は休日に労働させる必要のある業務を具体的に記入し、労働基準法第36条第6項第1号の健康上特に有害な業務について協定をした場合には、当該業務を他の業務と区別して記入すること。なお、業務の区分を細分化することにより当該業務の範囲を明確にしなければならないことに留意すること。

2　「労働者数（満18歳以上の者）」の欄には、時間外労働又は休日労働をさせることができる労働者の数を記入すること。

3　「延長することができる時間数」の欄の記入に当たっては、次のとおりとすること。時間数は労働基準法第32条から第32条の5まで又は第40条の規定により労働させることができる最長の労働時間（以下「法定労働時間」という。）を超える時間数を記入すること。

(1)　「1日」の欄には、法定労働時間を超えて延長することができる時間数であって、1日についての延長することができる限度となる時間数を記入すること。なお、所定労働時間を超える時間数について協定する場合においては、所定労働時間を超える時間数を併せて記入することができる。

(2)　「1箇月」の欄には、法定労働時間を超えて延長することができる時間数であって、「1年」の欄に記入する「起算日」において定める日から1箇月ごとについての延長することができる限度となる時間数を記入すること。なお、所定労働時間を超える時間数について協定する場合においては、所定労働時間を超える時間数を併せて記入することができる。

(3)　「1年」の欄には、法定労働時間を超えて延長することができる時間数であって、「起算日」において定める日から1年についての延長することができる限度となる時間数を記入すること。なお、所定労働時間を超える時間数について協定する場合においては、所定労働時間を超える時間数を併せて記入することができる。

4　「1年単位の変形労働時間制により労働する者」の欄には、労働基準法第32条の4の規定による労働時間により労働する者に限る。

5　「労働させることができる法定休日の日数」の欄には、労働基準法第35条の規定による休日（1週1休又は4週4休であることに留意すること。）に労働させることができる日数を記入すること。

6　「労働させることができる法定休日における始業及び終業の時刻」の欄には、労働基準法第35条の規定による休日であって労働させることができる日の始業及び終業の時刻を記入すること。

7　「労働基準法第36条第1項の協定の届出に係る労働者の過半数で組織する労働組合が事業場の労働者の過半数で組織する労働組合でない場合における手続」の欄には、以下の者（「過半数代表者」という。）に選出する方法により選出する旨記入すること。

①　労働時間が一定時間を超える労働者に対する面接指導の実施

②　終業から始業までに一定時間以上の継続した休息時間の確保

③　労働者の勤務状況及びその健康状態に応じた代償休日又は特別な休暇の付与すること。

④　労働者の勤務状況及びその健康状態に応じた健康診断の実施すること。

⑤　年次有給休暇についてまとまった日数連続して取得することを含めてその取得の促進すること。

⑥　労働時間短縮のための医師による助言・指導を受け、又は労働者に産業医等による保健指導を受けさせること。

⑦　労働者の勤務状況及びその健康状態に配慮し、必要な場合には適切な部署に配置転換すること。

⑧　必要に応じて、産業医等による助言・指導を受け、又は労働者に産業医等による保健指導を受けさせること。

8　協定については、労働者の過半数で組織する労働組合がある場合はその労働組合、労働者の過半数を代表する者と協定すること。なお、労働者の過半数を代表する者は、労働基準法施行規則第6条の2第1項の規定により、労働基準法第41条第2号に規定する監督又は管理の地位にある者でなく、かつ、同法に規定する協定等をする者を選出することを明らかにして実施される投票、挙手等の方法による手続により選出された者であって、使用者の意向に基づき選出されたものでないこと。これらの要件を満たさない場合には、協定は有効とはならない。なお、労働者の過半数を代表する者がこれらの要件を満たさないかたちで選出された場合や、使用者の意向に基づき選出された場合には、当該協定は無効となる。

9　本様式で記入部分が足りない場合は同一様式を使用すること。この場合、必要のある事項のみ記入することで差し支えない。

10　本様式に記入部分が足りない場合は同一様式を使用しても差し支えない。

二　その他

1　労働基準法施行規則第70条第4項の規定により、労働基準法第38条の4第2項の協定に代えて当該委員会の委員の5分の4以上の多数による議決により行われた決議を届け出る場合においては、「所定労働時間」の欄には当該事業場における通常予定されている労働時間を記入すること。

2　労働基準法第38条の4第5項の規定により、労使委員会が設置されている事業場において、本様式をもって、労使委員会の決議を届け出る場合においては「協定」とあるのは「委員会の決議」と、「協定の当事者である労働組合」とあるのは「委員会」と、「協定の当事者（労働者の過半数を代表する者の場合）の選出方法」とあるのは「委員会の委員の半数について任期を定めて指名した労働組合」と読み替えるものとする。

3　労働時間等設定改善委員会で本様式を用いる場合においては、労働時間等設定改善委員会の委員の5分の4以上の多数による議決により行われた決議を届け出る場合においては、委員の過半数を代表する者。委員の氏名を記入した用紙を別途添付すること。

（備考）

1　労働基準法施行規則第24条の2第4項の規定により、労働基準法第38条の2第2項の協定を本様式に付記して届け出る場合においては、当該事業場の内容を本様式に記入することとし、事業場外労働について協定をしたときは、「所定労働時間」の欄に当該協定で定める時間を記入すること。また、「協定の有効期間」の欄には事業場外労働に関する協定の有効期間を記入すること。

4 適用猶予事業・業務従事者に時間外・休日労働を行わせる場合 [様式第9号の4] [オモテ面]

様式第9号の4（第70条関係）

時間外労働
休日労働　に関する協定届

事業の種類	事業の名称	事業の所在地（電話番号）

① 下記②に該当しない労働者

事業の種類	業務の種類	労働者数（満18歳以上の者）	所定労働時間	延長することができる時間数		期間

| | 時間外労働をさせる必要のある具体的事由 | | | | 1日 | 1日を超える一定の期間（起算日） | |

② 1年単位の変形労働時間制により労働する労働者

休日労働をさせる必要のある具体的事由	業務の種類	労働者数（満18歳以上の者）	所定休日	労働させることができる休日並びに始業及び終業の時刻	期間

協定の成立年月日　　　年　　月　　日

協定の当事者である労働組合（事業場の労働者の過半数で組織する労働組合）の名称又は労働者の過半数を代表する者の　職名　　　　　氏名

協定の当事者（労働者の過半数を代表する者の場合）の選出方法（　　　　　　　　　）

上記協定の当事者である労働組合が事業場の全ての労働者の過半数で組織する労働組合である場合又は上記協定の当事者である労働者の過半数を代表する者が事業場の全ての労働者の過半数を代表する者であること。□（チェックボックスに要チェック）

上記労働者の過半数を代表する者が、労働基準法第41条第2号に規定する監督又は管理の地位にある者でなく、かつ、同法に規定する協定等をする者を選出することを明らかにして実施される投票、挙手等の方法による手続により選出された者であって使用者の意向に基づき選出されたものでないこと。□（チェックボックスに要チェック）

　　　年　　月　　日

使用者　職名　　　　　氏名

　　　　　　　労働基準監督署長殿

188

[様式第9号の4]　[ウラ面]

様式第9号の4（第70条関係）（裏面）

記載心得

1　「業務の種類」の欄には、時間外労働又は休日労働をさせる必要のある業務を具体的に記入し、労働基準法第36条第6項第1号の健康上特に有害な業務について協定をした場合には、当該業務を他の業務と区別して記入すること。なお、業務の区分を細分化することにより当該業務の範囲を明確にしなければならないことに留意すること。

2　「労働者数（満18歳以上の者）」の欄には、時間外労働又は休日労働をさせることができる労働者の数について記入すること。

3　「延長することができる時間数」の欄には、次のとおり記入すること。

(1)　「1日」の欄には、労働基準法第32条から第40条の5までにより労働させることができる最長の労働時間（以下「法定労働時間」という。）を超えて延長することができる時間数であって、1日についての延長することができる限度となる時間数を記入すること。

(2)　「1日を超える一定の期間（起算日）」の欄には、法定労働時間を超えて延長することができる時間に関して、その上欄に当該協定で定められた1日を超える一定の期間であって、3箇月を超えない期間の労働時間により労働させることができる限度となる時間数を、その下欄に当該一定の期間の起算日を括弧書きし、当該期間の起算日を1日以内の期間及び1箇月以内の期間並びに3箇月を超える一定の期間について、それぞれ当該期間に応じ、当該期間についての延長することができる限度となる時間数を記入すること。

4　②の欄は、労働基準法第32条の4の規定による労働者について記入すること。なお、延長することができる時間の上限は①欄の労働者よりも短い（1箇月42時間、1年320時間）ことに留意すること。

5　「労働させることができる休日並びに始業及び終業の時刻」の欄には、労働基準法第35条の規定による休日であって、当該休日に労働させることができる日並びに当該休日の労働の始業及び終業の時刻を記入すること。

6　「期間」の欄には、時間外労働又は休日労働をさせることができる期間を記入すること。

7　協定については、労働者の過半数で組織する労働組合がある場合はその労働組合、労働者の過半数で組織する労働組合がない場合は労働者の過半数を代表する者と協定すること。なお、労働者の過半数を代表する者は、労働基準法施行規則第6条の2第1項の規定により、労働基準法第41条第2号に規定する監督又は管理の地位にある者でなく、かつ、同法に規定する協定等をする者を選出することを明らかにして実施される投票、挙手等の方法による手続により選出された者であって、使用者の意向に基づき選出されたものでないこと。これらの要件を満たさない場合には、有効な協定とはならないことに留意すること。また、これらの要件を満たしていても、当該要件に係るチェックボックスにチェックがない場合には、届出の形式上の要件に適合していないことに留意すること。

8　本様式をもって協定とする場合においても、協定の当事者たる労使双方の合意があることが、協定上明らかとなるような方法により締結するよう留意すること。

5 **4** につき、事業場外労働に関する協定の内容を付記して届け出る場合　[様式第9号の5]　[オモテ面]

様式第9号の5（第70条関係）

時間外労働　に関する協定届
休日労働

事業の種類	事業の名称	事業の所在地（電話番号）	期間

事業の種類	業務の種類	労働者数（満18歳以上の者）	所定労働時間	事業場外労働に関する協定で定める時間	1日	延長することができる一定の期間（起算日） 1日を超える一定の期間	期間
① 下記②に該当しない労働者 時間外労働をさせる必要のある具体的事由							
② 1年単位の変形労働時間制により労働する労働者							

業務の種類	労働者数（満18歳以上の者）	所定休日	労働させることができる休日並びに始業及び終業の時刻
休日労働をさせる必要のある具体的事由			

協定の成立年月日　　　年　　　月　　　日

協定の当事者である労働組合（事業場の労働者の過半数で組織する労働組合）の名称又は労働者の過半数を代表する者の　職名
　　　氏名

協定の当事者（労働者の過半数を代表する者の場合）の選出方法（　　　　　　　　　　　　　）

上記協定の当事者である労働組合が事業場の全ての労働者の過半数で組織する労働組合である又は上記協定の当事者である労働者の過半数を代表する者が事業場の全ての労働者の過半数を代表する者であること。□
（チェックボックスに要チェック）

上記労働者の過半数を代表する者が、労働基準法第41条第2号に規定する監督又は管理の地位にある者でなく、かつ、同法に規定する協定等をする者を選出することを明らかにして実施される投票、挙手等の方法による
手続により選出された者であって使用者の意向に基づき選出されたものでないこと。□（チェックボックスに要チェック）

　　　年　　　月　　　日

使用者　職名
　　　　氏名

労働基準監督署長殿

様式第9号の5（第70条関係）（裏面）

記載心得

1　「業務の種類」の欄には、時間外労働をさせ又は休日労働をさせる必要のある業務を具体的に記入し、労働基準法第36条第6項第1号の健康上特に有害な業務について協定をした場合には、当該業務を他の業務と区別して記入すること。なお、業務の種類を記入するに当たっては、業務の区分を細分化することにより当該労働又は休日労働をさせる範囲を明確にしなければならないことに留意すること。

2　「労働者数（満18歳以上の者）」の欄には、時間外労働又は休日労働をさせることができる労働者の数について記入すること。

3　「延長することができる時間数」の欄の記入に当たっては、次のとおりとすること。
(1)　「1日」の欄には、労働基準法第32条から第32条の5まで又は第40条の規定により労働させることができる最長の労働時間（以下「法定労働時間」という。）を超えて延長することができる時間数を記入すること。
(2)　「1日を超える一定の期間（起算日）」の欄には、法定労働時間を超えて延長することができる時間数について、「1日を超え3箇月以内の期間」及び「1年間」についての延長することができる限度となる時間数を記入し、当該起算日を括弧書きし、その下欄に、当該期間における起算日を記入すること。

4　②の欄は、労働基準法第32条の4の規定による労働時間により労働する者（対象期間が3箇月を超える1年単位の変形労働時間制により労働する者に限る。）について記入すること。なお、延長することができる時間の上限は①の欄の労働者より短い（1箇月42時間、1年320時間）ことに留意すること。

5　「労働させることができる休日並びに始業及び終業の時刻」の欄には、労働基準法第35条の規定による休日であって、当該労働させることができる休日に労働させることができる日並びに当該休日の労働の始業及び終業の時刻を記入すること。

6　「期間」の欄には、時間外労働又は休日労働をさせることができる期間を記入し、当該期間は事業場外労働に関する協定の有効期間を括弧書きすること。

7　協定については、労働者の過半数で組織する労働組合がある場合はその労働組合と、労働者の過半数で組織する労働組合がない場合は労働者の過半数を代表する者と協定すること。なお、労働者の過半数を代表する者は、労働基準法施行規則第6条の2第1項の規定により、労働基準法第41条第2号に規定する監督又は管理の地位にある者でなく、かつ、同法に規定する協定等をする者を選出することを明らかにして実施される投票、挙手等の方法による手続により選出された者であって、使用者の意向に基づき選出されたものでないこと。これらの要件を満たさない場合には、有効な協定とはならないことに留意すること。また、これらの要件すべてについて、当該要件に係るチェックボックスにチェックがない場合には、届出の形式上の要件に適合していないことに留意すること。

8　本様式をもって協定とする場合においても、協定の当事者たる労使双方の合意があることが明らかとなるような方法により締結するよう留意すること。

6 4 につき、労使委員会の決議届として届け出る場合 [様式第9号の6] [オモテ面]

様式第9号の6（第70条関係）

時間外労働
　　　　　に関する労使委員会の決議届
休日労働

事業の種類	事業の名称	事業の所在地（電話番号）	期間

	業務の種類	労働者数 （満18歳以上の者）	所定労働時間	延長することができる時間数		
				1日	1日を超える一定の期間（起算日）	期間
① 下記②に該当しない労働者 　時間外労働をさせる 　必要のある具体的事由						
② 1年単位の変形労働時間制 　により労働する労働者						

	業務の種類	労働者数 （満18歳以上の者）	所定休日	労働させることができる休日 並びに始業及び終業の時刻	期間
休日労働をさせる必要のある具体的事由					

決議の成立年月日　　　　年　　月　　日

委員会の委員数（　　　人）

任期を定めて指名された委員	委員の氏名
	職名　　氏名
	その他の委員
	職名　　氏名

決議は、上記委員の5分の4以上の多数による議決により行われたものである。

委員会の委員の半数について任期を定めて指名した者（事業場の労働者の過半数で組織する労働組合）の名称又は労働者の過半数を代表する者の

委員会の委員の半数について任期を定めて指名した者（労働者の過半数で組織する労働組合がある場合においてはその労働組合、労働者の過半数で組織する労働組合がない場合においては労働者の過半数を代表する者）の選出方法（　　　　　　　　　　　）

上記労働者の過半数を代表する者が、事業場の全ての労働者の過半数を代表する者であること。　□（チェックボックスに要チェック）

上記労働者の過半数を代表する者が、労働基準法第41条第2号に規定する監督又は管理の地位にある者でなく、かつ、同法に規定する協定等をする者を選出することを明らかにして実施される投票、挙手等の方法による手続により選出された者であって使用者の意向に基づき選出されたものでないこと。　□（チェックボックスに要チェック）

　　　　年　　月　　日

使用者　職名　　氏名

　労働基準監督署長　殿

[様式第 9 号の 6] [（ウラ面）]

様式第 9 号の 6（第 70 条関係）（裏面）

記載心得

1　「業務の種類」の欄には、時間外労働又は休日労働をさせる必要のある業務を具体的に記入し、労働基準法第 36 条第 6 項第 1 号の健康上特に有害な業務について決議をした場合には、当該業務を他の業務と区別して記入すること。なお、業務の種類を記入するに当たっては、業務の区分を細分化することにより当該業務の範囲を明確にしなければならないことに留意すること。

2　「労働者数（満 18 歳以上の者）」の欄には、時間外労働又は休日労働をさせることができる労働者の数について記入すること。

3　「延長することができる時間数」の欄の記入に当たっては、次のとおりとすること。

(1)　「1 日」の欄には、労働基準法第 32 条から第 32 条の 5 まで又は第 40 条の規定により労働させることができる最長の労働時間（以下「法定労働時間」という。）を超えて延長することができる時間数であって、1 日についての延長することができる限度となる時間数を記入すること。

(2)　「1 日を超える一定の期間（起算日）」の欄には、法定労働時間を超えて延長することができる時間数であって、「1 日を超える一定の期間」の起算日において定められた 1 日を超える 3 箇月以内の期間及び 1 年間についての延長することができる時間数を記入し、当該期間の起算日を記入すること。その上欄には当該延長することができる限度となる時間数を記入すること。

4　②欄は、労働基準法第 32 条の 4 の規定による労働時間により労働する労働者（対象期間が 3 箇月を超える 1 年単位の変形労働時間制により労働する者に限る。）について記入すること。なお、延長することができる時間数の上限は①の欄の労働者よりも短い（1 箇月 42 時間、1 年 320 時間）ことに留意すること。

5　「労働させることができる休日並びに始業及び終業の時刻」の欄には、労働基準法第 35 条の規定による休日（1 週 1 休又は 4 週 4 休であること）に労働させることができる日並びに当該休日の労働の始業及び終業の時刻を記入すること。

6　「期間」の欄には、時間外労働又は休日労働をさせることができる日の属する期間を記入すること。

7　「任期を定めて指名された委員」の欄には、労働基準法第 38 条の 4 第 2 項第 1 号の規定により、労働者の過半数で組織する労働組合がある場合においてはその労働組合、労働者の過半数で組織する労働組合がない場合においては労働者の過半数を代表する者に任期を定めて指名された委員の氏名を記入すること。なお、労働者の過半数を代表する者は、同法第 41 条第 2 号に規定する監督又は管理の地位にある者でなく、かつ、同法に規定する協定等をする者を選出することを明らかにして実施される投票、挙手等の方法による手続により選出された者であって、使用者の意向に基づき選出されたものでないこと。これらの要件を満たさない場合には、届出の形式上の要件に適合しないことに留意すること。また、これらの要件に係るチェックボックスにチェックがない場合には、当該要件について、当該要件を満たしていないことに留意すること。

7 ④ につき、労働時間等設定改善委員会の決議届として届け出る場合 [様式第9号の7] [オモテ面]

様式第9号の7（第70条関係）

時間外労働
休日労働
に関する労働時間等設定改善委員会の決議届

事業の種類	事業の名称	事業の所在地（電話番号）

			労働者数（満18歳以上の者）	所定労働時間		延長することができる時間数		期間
	業務の種類					1日	1日を超える一定の期間（起算日）	

① 下記②に該当しない労働者

時間外労働をさせる必要のある具体的事由

② 1年単位の変形労働時間制により労働する労働者

休日労働をさせる必要のある労働者	業務の種類	労働者数（満18歳以上の者）	所定休日	労働させることができる休日並びに始業及び終業の時刻	期間

休日労働をさせる必要のある具体的事由

決議の成立年月日　　　年　　　月　　　日
委員会の委員数（　　）人

委員の氏名	職名 氏名
推薦に基づき指名された委員	
	委員
	その他の委員

決議は、上記委員の5分の4以上の多数による議決により行われたものである。
委員会の委員の半数については、労働者の過半数で組織する労働組合（労働者の過半数で組織する労働組合がない場合においては労働者の過半数を代表する者）の推薦に基づき指名されている者であって、第41条第2号に規定する監督又は管理の地位にある者でなく、かつ、同法に規定する協定等をする者を選出することを明らかにして実施される投票、挙手等の方法による手続により選出された者であって、使用者の意向に基づき選出されたものでないこと。□（チェックボックスに要チェック）

年　　月　　日
　　　　　　　　労働基準監督署長　殿
使用者　職名 氏名

様式第9号の7（第70条関係）（裏面）

記載心得

1 「業務の種類」の欄には、時間外労働又は休日労働をさせる必要のある業務を具体的に記入し、労働基準法第36条第6項第1号の健康上特に有害な業務について決議をした場合には、当該業務を他の業務と区別して記入すること。なお、業務の種類を記入するに当たっては、業務の区分を細分化することにより当該業務の範囲を明確にしなければならないことに留意すること。

2 「労働者数（満18歳以上の者）」の欄には、時間外労働又は休日労働をさせることができる労働者の数について記入すること。

3 「延長することができる時間数」の欄の記入に当たっては、次のとおりとすること。

(1) 「1日」の欄には、労働基準法第32条から第32条の5まで又は第40条の規定により労働させることができる最長の労働時間（以下「法定労働時間」という。）を超えて延長することができる限度となる時間数であって、決議で定められた1日を超える時間数を記入し、当該期間の起算日を記入すること。

(2) 「1日を超える一定の期間（起算日）」の欄には、法定労働時間を超えて延長することができる時間数についての延長することができる限度となる時間数を記入すること。なお、当該期間は、1日を超え3箇月以内の期間及び1年間の2種類について記入すること。その下欄には、当該期間の起算日を記載し、その期間に応じ、それぞれ当該期間についての延長することができる限度となる時間数を記入すること。

4 ②の欄は、労働基準法第32条の4の規定による労働時間により労働する労働者（対象期間が3箇月を超える1年単位の変形労働時間制により労働する者に限る。）について記入すること。なお、延長することができる時間数の上限は①の欄の労働者よりも短い（1箇月42時間、1年320時間）ことに留意すること。

5 「労働させることができる休日並びに始業及び終業の時刻」の欄には、労働基準法第35条の規定による休日（1週1休又は4週4休であること）に労働させることができる日並びに当該休日の労働の始業及び終業の時刻を記入すること。

6 「期間」の欄には、時間外労働又は休日労働をさせることができる日の属する期間を記入すること。

7 「推薦に基づき指名された委員」の欄には、労働時間等の設定の改善に関する特別措置法第7条に規定する労働時間等設定改善委員会の委員である場合にはその旨を記入すること。労働者の過半数で組織する労働組合がない場合において、労働者の過半数を代表する者の推薦に基づき指名された委員の氏名を記入すること。なお、労働者の過半数を代表する者は、労働基準法第41条第2号に規定する監督又は管理の地位にある者でなく、かつ、労働時間等の設定の改善に関する特別措置法に規定する推薦をする者を選出することを明らかにして実施される投票、挙手等の方法による手続により選出された者であって、使用者の意向に基づき選出されたものでないこと。また、これらの要件を満たさない場合には、有効な決議とはならないことに留意すること。これらの要件を満たさず、当該要件に係るチェックボックスにチェックがない場合には、届出の形式上の要件に適合していないことに留意すること。

労働時間の適正な把握のために使用者が講ずべき措置に関するガイドライン

平成 29 年 1 月 20 日策定

1 趣旨

　労働基準法においては、労働時間、休日、深夜業等について規定を設けていることから、使用者は、労働時間を適正に把握するなど労働時間を適切に管理する責務を有している。

　しかしながら、現状をみると、労働時間の把握に係る自己申告制（労働者が自己の労働時間を自主的に申告することにより労働時間を把握するもの。以下同じ。）の不適正な運用等に伴い、同法に違反する過重な長時間労働や割増賃金の未払いといった問題が生じているなど、使用者が労働時間を適切に管理していない状況もみられるところである。

　このため、本ガイドラインでは、労働時間の適正な把握のために使用者が講ずべき措置を具体的に明らかにする。

2 適用の範囲

　本ガイドラインの対象事業場は、労働基準法のうち労働時間に係る規定が適用される全ての事業場であること。

　また、本ガイドラインに基づき使用者（使用者から労働時間を管理する権限の委譲を受けた者を含む。以下同じ。）が労働時間の適正な把握を行うべき対象労働者は、労働基準法第 41 条に定める者及びみなし労働時間制が適用される労働者（事業場外労働を行う者にあっては、みなし労働時間制が適用される時間に限る。）を除く全ての者であること。

　なお、本ガイドラインが適用されない労働者についても、健康確保を図る必要があることから、使用者において適正な労働時間管理を行う責務があること。

3 労働時間の考え方

　労働時間とは、使用者の指揮命令下に置かれている時間のことをいい、使用者の明示又は黙示の指示により労働者が業務に従事する時間は労働時間に当たる。そのため、次のアからウのような時間は、労働時間として扱わなければならないこと。

　ただし、これら以外の時間についても、使用者の指揮命令下に置かれていると評

価される時間については労働時間として取り扱うこと。

　なお、労働時間に該当するか否かは、労働契約、就業規則、労働協約等の定めのいかんによらず、労働者の行為が使用者の指揮命令下に置かれたものと評価することができるか否かにより客観的に定まるものであること。また、客観的に見て使用者の指揮命令下に置かれていると評価されるかどうかは、労働者の行為が使用者から義務づけられ、又はこれを余儀なくされていた等の状況の有無等から、個別具体的に判断されるものであること。

ア　使用者の指示により、就業を命じられた業務に必要な準備行為（着用を義務付けられた所定の服装への着替え等）や業務終了後の業務に関連した後始末（清掃等）を事業場内において行った時間

イ　使用者の指示があった場合には即時に業務に従事することを求められており、労働から離れることが保障されていない状態で待機等している時間（いわゆる「手待時間」）

ウ　参加することが業務上義務づけられている研修・教育訓練の受講や、使用者の指示により業務に必要な学習等を行っていた時間

4　労働時間の適正な把握のために使用者が講ずべき措置

(1)　始業・終業時刻の確認及び記録

　　使用者は、労働時間を適正に把握するため、労働者の労働日ごとの始業・終業時刻を確認し、これを記録すること。

(2)　始業・終業時刻の確認及び記録の原則的な方法

　　使用者が始業・終業時刻を確認し、記録する方法としては、原則として次のいずれかの方法によること。

　ア　使用者が、自ら現認することにより確認し、適正に記録すること。

　イ　タイムカード、IC カード、パソコンの使用時間の記録等の客観的な記録を基礎として確認し、適正に記録すること。

(3)　自己申告制により始業・終業時刻の確認及び記録を行う場合の措置

　　上記(2)の方法によることなく、自己申告制によりこれを行わざるを得ない場合、使用者は次の措置を講ずること。

　ア　自己申告制の対象となる労働者に対して、本ガイドラインを踏まえ、労働時間の実態を正しく記録し、適正に自己申告を行うことなどについて十分な説明

を行うこと。

イ　実際に労働時間を管理する者に対して、自己申告制の適正な運用を含め、本ガイドラインに従い講ずべき措置について十分な説明を行うこと。

ウ　自己申告により把握した労働時間が実際の労働時間と合致しているか否かについて、必要に応じて実態調査を実施し、所要の労働時間の補正をすること。

　　特に、入退場記録やパソコンの使用時間の記録など、事業場内にいた時間の分かるデータを有している場合に、労働者からの自己申告により把握した労働時間と当該データで分かった事業場内にいた時間との間に著しい乖離が生じているときには、実態調査を実施し、所要の労働時間の補正をすること。

エ　自己申告した労働時間を超えて事業場内にいる時間について、その理由等を労働者に報告させる場合には、当該報告が適正に行われているかについて確認すること。

　　その際、休憩や自主的な研修、教育訓練、学習等であるため労働時間ではないと報告されていても、実際には、使用者の指示により業務に従事しているなど使用者の指揮命令下に置かれていたと認められる時間については、労働時間として扱わなければならないこと。

オ　自己申告制は、労働者による適正な申告を前提として成り立つものである。このため、使用者は、労働者が自己申告できる時間外労働の時間数に上限を設け、上限を超える申告を認めない等、労働者による労働時間の適正な申告を阻害する措置を講じてはならないこと。

　　また、時間外労働時間の削減のための社内通達や時間外労働手当の定額払等労働時間に係る事業場の措置が、労働者の労働時間の適正な申告を阻害する要因となっていないかについて確認するとともに、当該要因となっている場合においては、改善のための措置を講ずること。

　　さらに、労働基準法の定める法定労働時間や時間外労働に関する労使協定（いわゆる36協定）により延長することができる時間数を遵守することは当然であるが、実際には延長することができる時間数を超えて労働しているにもかかわらず、記録上これを守っているようにすることが、実際に労働時間を管理する者や労働者等において、慣習的に行われていないかについても確認すること。

(4)　賃金台帳の適正な調製

　　使用者は、労働基準法第 108 条及び同法施行規則第 54 条により、労働者ごとに、労働日数、労働時間数、休日労働時間数、時間外労働時間数、深夜労働時間数といった事項を適正に記入しなければならないこと。

　　また、賃金台帳にこれらの事項を記入していない場合や、故意に賃金台帳に虚偽の労働時間数を記入した場合は、同法第 120 条に基づき、30 万円以下の罰金に処されること。

(5)　労働時間の記録に関する書類の保存

　　使用者は、労働者名簿、賃金台帳のみならず、出勤簿やタイムカード等の労働時間の記録に関する書類について、労働基準法第 109 条に基づき、3 年間保存しなければならないこと。

(6)　労働時間を管理する者の職務

　　事業場において労務管理を行う部署の責任者は、当該事業場内における労働時間の適正な把握等労働時間管理の適正化に関する事項を管理し、労働時間管理上の問題点の把握及びその解消を図ること。

(7)　労働時間等設定改善委員会等の活用

　　使用者は、事業場の労働時間管理の状況を踏まえ、必要に応じ労働時間等設定改善委員会等の労使協議組織を活用し、労働時間管理の現状を把握の上、労働時間管理上の問題点及びその解消策等の検討を行うこと。

働き方改革を推進するための関係法律の整備に関する法律による改正後の
労働基準法の施行について（抄）

（平成 30 年 9 月 7 日　基発 0907 第 1 号）

第 2　時間外労働の上限規制（新労基法第 36 条及び第 139 条から第 142 条まで、
新労基則第 16 条等並びに指針関係）

1　趣旨

　長時間労働は、健康の確保だけでなく、仕事と家庭生活との両立を困難にし、少
子化の原因や、女性のキャリア形成を阻む原因、男性の家庭参加を阻む原因となっ
ている。これに対し、長時間労働を是正すれば、ワーク・ライフ・バランスが改善
し、女性や高齢者も仕事に就きやすくなり、労働参加率の向上に結びつく。

　こうしたことから、時間外労働の上限について、現行の労働基準法第 36 条第 1
項の協定で定める労働時間の延長の限度等に関する基準（平成 10 年労働省告示第
154 号。以下「限度基準告示」という。）に基づく指導ではなく、これまで上限無く
時間外労働が可能となっていた臨時的な特別の事情がある場合として労使が合意し
た場合であっても、上回ることのできない上限を法律に規定し、これを罰則により
担保するものであること。

2　新労基法第 36 条第 1 項の協定の届出（新労基法第 36 条第 1 項並びに新労基則第 16 条及び第 70 条関係）

　新労基法第 36 条第 1 項の協定（以下「時間外・休日労働協定」という。）の届出
様式を改めたものであること。具体的には、時間外・休日労働協定に特別条項（新
労基法第 36 条第 5 項に規定する事項に関する定めをいう。以下同じ。）を設けない
場合にあっては新労基則様式第 9 号により、特別条項を設ける場合にあっては新労
基則様式第 9 号の 2 により、所轄労働基準監督署長に届け出なければならないもの
であること。

　併せて、新労基法第 36 条第 11 項に規定する業務に対応した様式（新労基則様式
第 9 号の 3）、新労基法第 139 条第 2 項、第 140 条第 2 項、第 141 条第 4 項又は第
142 条の規定により読み替えて適用する新労基法第 36 条の規定に対応した様式（新
労基則様式第 9 号の 4 から第 9 号の 7 まで）を整備したものであること。

3 時間外・休日労働協定における協定事項（新労基法第 36 条第 2 項及び新労基則第 17 条第 1 項関係）

時間外・休日労働協定において、以下の(1)から(5)までの事項を定めることとしたものであること。

(1) 新労基法第 36 条の規定により労働時間を延長し、又は休日に労働させることができることとされる労働者の範囲（新労基法第 36 条第 2 項第 1 号関係）

　時間外・休日労働協定の対象となる「業務の種類」及び「労働者数」を協定するものであること。

(2) 対象期間（新労基法第 36 条第 2 項第 2 号関係）

　時間外・休日労働協定により労働時間を延長し、又は休日に労働させることができる期間をいい、時間外・休日労働協定において、1 年間の上限を適用する期間を協定するものであること。

　なお、事業が完了し、又は業務が終了するまでの期間が 1 年未満である場合においても、時間外・休日労働協定の対象期間は 1 年間とする必要があること。

(3) 労働時間を延長し、又は休日に労働させることができる場合（新労基法第 36 条第 2 項第 3 号関係）

　時間外労働又は休日労働をさせる必要のある具体的事由について協定するものであること。

(4) 対象期間における 1 日、1 箇月及び 1 年のそれぞれの期間について労働時間を延長して労働させることができる時間又は労働させることができる休日の日数（新労基法第 36 条第 2 項第 4 号関係）

　整備法による改正前の労働基準法における時間外・休日労働協定は、労働基準法施行規則第 16 条第 1 項において「1 日」及び「1 日を超える一定の期間」についての延長時間が必要的協定事項とされているが、今般、新労基法第 36 条第 4 項において、1 箇月について 45 時間及び 1 年について 360 時間（対象期間が 3 箇月を超える 1 年単位の変形労働時間制により労働させる場合は 1 箇月について 42 時間及び 1 年について 320 時間）の原則的上限が法定された趣旨を踏まえ、整備法の施行後の時間外・休日労働協定においては「1 日」、「1 箇月」及び「1 年」のそれぞれの期間について労働時間を延長して労働させることができる時間又は労働させることができる休日の日数について定めるものとしたものであること。

(5) 労働時間の延長及び休日の労働を適正なものとするために必要な事項として厚生労働省令で定める事項（新労基法第36条第2項第5号及び新労基則第17条第1項関係）

ア　時間外・休日労働協定の有効期間の定め（新労基則第17条第1項第1号関係）

時間外・休日労働協定（労働協約による場合を除く。）において、当該時間外・休日労働協定の有効期間を定めるものであること。

イ　新労基法第36条第2項第4号の規定に基づき定める1年について労働時間を延長して労働させることができる時間の起算日（新労基則第17条第1項第2号関係）

時間外・休日労働協定において定めた新労基法第36条第2項第4号の1年について労働時間を延長して労働させることができる時間を適用する期間の起算日を明確にするものであること。

ウ　新労基法第36条第6項第2号及び第3号に定める要件を満たすこと。（新労基則第17条第1項第3号関係）

時間外・休日労働協定で定めるところにより時間外・休日労働を行わせる場合であっても、新労基法第36条第6項第2号及び第3号に規定する時間を超えて労働させることはできないものであり、時間外・休日労働協定においても、この規定を遵守することを協定するものであること。

これを受け、新労基則様式第9号及び第9号の2にチェックボックスを設け、当該チェックボックスにチェックがない場合には、当該時間外・休日労働協定は法定要件を欠くものとして無効となるものであること。

エ　限度時間を超えて労働させることができる場合（新労基則第17条第1項第4号関係）

時間外・休日労働協定に特別条項を設ける場合において、限度時間（新労基法第36条第3項の限度時間をいう。以下同じ。）を超えて労働させることができる具体的事由について協定するものであること。

オ　限度時間を超えて労働させる労働者に対する健康及び福祉を確保するための措置（新労基則第17条第1項第5号関係）

過重労働による健康障害の防止を図る観点から、時間外・休日労働協定に特別条項を設ける場合においては、限度時間を超えて労働させる労働者に対する

健康及び福祉を確保するための措置（以下「健康福祉確保措置」という。）を協定することとしたものであること。なお、健康福祉確保措置として講ずることが望ましい措置の内容については、指針第8条に規定していること。

カ　限度時間を超えた労働に係る割増賃金の率（新労基則第17条第1項第6号関係）

　　時間外・休日労働協定に特別条項を設ける場合においては、限度時間を超える時間外労働に係る割増賃金率を1箇月及び1年のそれぞれについて定めなければならないものであること。

　　なお、限度時間を超える時間外労働に係る割増賃金率については、労働基準法第89条第2号の「賃金の決定、計算及び支払の方法」として就業規則に記載する必要があること。

キ　限度時間を超えて労働させる場合における手続（新労基則第17条第1項第7号関係）

　　限度基準告示第3条第1項に規定する手続と同様のものであり、時間外・休日労働協定の締結当事者間の手続として、時間外・休日労働協定を締結する使用者及び労働組合又は労働者の過半数を代表する者（以下「労使当事者」という。）が合意した協議、通告その他の手続（以下「所定の手続」という。）を定めなければならないものであること。

　　また、「手続」は、1箇月ごとに限度時間を超えて労働させることができる具体的事由が生じたときに必ず行わなければならず、所定の手続を経ることなく、限度時間を超えて労働時間を延長した場合は、法違反となるものであること。

　　なお、所定の手続がとられ、限度時間を超えて労働時間を延長する際には、その旨を届け出る必要はないが、労使当事者間においてとられた所定の手続の時期、内容、相手方等を書面等で明らかにしておく必要があること。

4　健康福祉確保措置の実施状況に関する記録の保存（新労基則第17条第2項関係）

　　使用者は、健康福祉確保措置の実施状況に関する記録を当該時間外・休日労働協定の有効期間中及び当該有効期間の満了後3年間保存しなければならないものであること。

5 限度時間（新労基法第36条第3項及び第4項関係）

時間外・休日労働協定において新労基法第36条第2項第4号の労働時間を延長して労働させる時間を定めるに当たっては、当該事業場の業務量、時間外労働の動向その他の事情を考慮して通常予見される時間外労働の範囲内において、限度時間を超えない時間に限るものとしたこと。

また、限度時間は、1箇月について45時間及び1年について360時間（対象期間が3箇月を超える1年単位の変形労働時間制により労働させる場合は、1箇月について42時間及び1年について320時間）であること。

6 特別条項を設ける場合の延長時間等（新労基法第36条第5項関係）

時間外・休日労働協定においては、上記3に掲げる事項のほか、当該事業場における通常予見することのできない業務量の大幅な増加等に伴い臨時的に限度時間を超えて労働させる必要がある場合において、1箇月について労働時間を延長して労働させ、及び休日において労働させることができる時間並びに1年について労働時間を延長して労働させることができる時間を定めることができることとしたものであること。

この場合において、1箇月について労働時間を延長して労働させ、及び休日において労働させることができる時間については、上記3(4)に関して協定した時間を含め100時間未満の範囲内としなければならず、1年について労働時間を延長して労働させることができる時間については、上記3(4)に関して協定した時間を含め720時間を超えない範囲内としなければならないものであること。

さらに、対象期間において労働時間を延長して労働させることができる時間が1箇月について45時間（対象期間が3箇月を超える1年単位の変形労働時間制により労働させる場合は42時間）を超えることができる月数を1年について6箇月以内の範囲で定めなければならないものであること。

7 時間外・休日労働協定で定めるところにより労働させる場合の実労働時間数の上限（新労基法第36条第6項及び新労基則第18条関係）

使用者は、時間外・休日労働協定で定めるところにより時間外・休日労働を行わせる場合であっても、以下の(1)から(3)までの要件を満たすものとしなければならないこと。また、以下の(2)及び(3)の要件を満たしている場合であっても、連続する月の月末・月初に集中して時間外労働を行わせるなど、短期間に長時間の時間外労働

を行わせることは望ましくないものであること。

　なお、労働者が、自社、副業・兼業先の両方で雇用されている場合には、その使用者が当該労働者の他社での労働時間も適正に把握する責務を有しており、以下の(1)から(3)までの要件については、労働基準法第38条に基づき通算した労働時間により判断する必要があること。その際、労働基準法における労働時間等の規定の適用等については、平成30年1月31日付け基発0131第2号「「副業・兼業の促進に関するガイドライン」の周知等について」の別添1「副業・兼業の促進に関するガイドライン」を参考とすること。

(1)　坑内労働その他厚生労働省令で定める健康上特に有害な業務について、1日における時間外労働時間数が2時間を超えないこと。（新労基法第36条第6項第1号及び新労基則第18条関係）

　　　整備法による改正前の労働基準法第36条第1項ただし書と同様の内容であること。

(2)　1箇月における時間外・休日労働時間数が100時間未満であること。（新労基法第36条第6項第2号関係）

　　　1箇月について労働時間を延長して労働させ、及び休日において労働させた時間の合計時間が100時間未満であることを規定したものであること。

(3)　対象期間の初日から1箇月ごとに区分した各期間の直前の1箇月、2箇月、3箇月、4箇月及び5箇月の期間を加えたそれぞれの期間における時間外・休日労働時間数が1箇月当たりの平均で80時間を超えないこと。（新労基法第36条第6項第3号関係）

　　　時間外・休日労働協定の対象期間におけるいずれの2箇月間ないし6箇月間における労働時間を延長して労働させ、及び休日において労働させた時間の1箇月当たりの平均時間が80時間を超えないことを規定したものであること。

8　厚生労働大臣が定める指針（新労基法第36条第7項から第10項まで関係）

　厚生労働大臣は、時間外・休日労働協定で定める労働時間の延長及び休日の労働について留意すべき事項、当該労働時間の延長に係る割増賃金の率その他の必要な事項について、労働者の健康、福祉、時間外労働の動向その他の事情を考慮して指針を定めることができるものとし、今般、指針を定めたものであること。

　労使当事者は、当該時間外・休日労働協定の内容が指針に適合したものとなるよ

うにしなければならないものであること。

　また、行政官庁は、指針に関し、労使当事者に必要な助言及び指導を行うことができるものとし、当該助言及び指導を行うに当たっては、労働者の健康が確保されるよう特に配慮しなければならないものであること。

　指針の内容等については、下記11のとおりであること。

9　適用除外（新労基法第36条第11項関係）

　新たな技術、商品又は役務の研究開発に係る業務については、専門的、科学的な知識、技術を有する者が従事する新たな技術、商品又は役務の研究開発に係る業務の特殊性が存在する。このため、限度時間（新労基法第36条第3項及び第4項）、時間外・休日労働協定に特別条項を設ける場合の要件（新労基法第36条第5項）、1箇月について労働時間を延長して労働させ、及び休日において労働させた時間の上限（新労基法第36条第6項第2号及び第3号）についての規定は、当該業務については適用しないものであること。

　なお、新たな技術、商品又は役務の研究開発に係る業務とは、専門的、科学的な知識、技術を有する者が従事する新技術、新商品等の研究開発の業務をいうものであること。

10　適用猶予（新労基法第139条から第142条まで並びに新労基則第69条及び第71条関係）

　略

11　労働基準法第36条第1項の協定で定める労働時間の延長及び休日の労働について留意すべき事項等に関する指針関係

　略

12　罰則（新労基法第119条関係）

　新労基法第36条第6項に違反した使用者に対しては、新労基法第119条第1号の罰則の適用があること。

13　施行期日等（整備法附則第1条及び指針附則第1項関係）

　時間外労働の上限規制に係る改正規定の施行期日及び指針の適用日は、平成31年4月1日であること。

14　経過措置（整備法附則第2条及び第3条関係）

　略

労働基準法第36条第1項の協定で定める労働時間の延長及び休日の労働について留意すべき事項等に関する指針

　労働基準法（昭和22年法律第49号）第36条第7項の規定に基づき、労働基準法第36条第1項の協定で定める労働時間の延長及び休日の労働について留意すべき事項等に関する指針を次のように定める。

（目的）

第1条　この指針は、労働基準法（昭和22年法律第49号。以下「法」という。）第36条第1項の協定（以下「時間外・休日労働協定」という。）で定める労働時間の延長及び休日の労働について留意すべき事項、当該労働時間の延長に係る割増賃金の率その他の必要な事項を定めることにより、労働時間の延長及び休日の労働を適正なものとすることを目的とする。

（労使当事者の責務）

第2条　法第36条第1項の規定により、使用者は、時間外・休日労働協定をし、これを行政官庁に届け出ることを要件として、労働時間を延長し、又は休日に労働させることができることとされているが、労働時間の延長及び休日の労働は必要最小限にとどめられるべきであり、また、労働時間の延長は原則として同条第3項の限度時間（第5条、第8条及び第9条において「限度時間」という。）を超えないものとされていることから、時間外・休日労働協定をする使用者及び当該事業場の労働者の過半数で組織する労働組合がある場合においてはその労働組合、労働者の過半数で組織する労働組合がない場合においては労働者の過半数を代表する者（以下「労使当事者」という。）は、これらに十分留意した上で時間外・休日労働協定をするように努めなければならない。

（使用者の責務）

第3条　使用者は、時間外・休日労働協定において定めた労働時間を延長して労働させ、及び休日において労働させることができる時間の範囲内で労働させた場合であっても、労働契約法（平成19年法律第128号）第5条の規定に基づく安全配慮義務を負うことに留意しなければならない。

2　使用者は、「脳血管疾患及び虚血性心疾患等（負傷に起因するものを除く。）の認定基準について」（平成13年12月12日付け基発第1063号厚生労働省労働基準局長通達）において、1週間当たり40時間を超えて労働した時間が1箇月においておおむね45時間を超えて長くなるほど、業務と脳血管疾患及び虚血性心疾患（負傷に起因するものを除く。以下この項において「脳・心臓疾患」という。）の発症との関連性が徐々に強まると評価できるとされていること並びに発症前1箇月間におおむね100時間又は発症前2箇月間から6箇月間までにおいて1箇月当たりおおむね80時間を超える場合には業務と脳・心臓疾患の発症との関連性が強いと評価できるとされていることに留意しなければならない。

（業務区分の細分化）

第4条　労使当事者は、時間外・休日労働協定において労働時間を延長し、又は休日に労働させることができる業務の種類について定めるに当たっては、業務の区分を細分化することにより当該業務の範囲を明確にしなければならない。

（限度時間を超えて延長時間を定めるに当たっての留意事項）

第5条　労使当事者は、時間外・休日労働協定において限度時間を超えて労働させることができる場合を定めるに当たっては、当該事業場における通常予見することのできない業務量の大幅な増加等に伴い臨時的に限度時間を超えて労働させる必要がある場合をできる限り具体的に定めなければならず、「業務の都合上必要な場合」、「業務上やむを得ない場合」など恒常的な長時間労働を招くおそれがあるものを定めることは認められないことに留意しなければならない。

2　労使当事者は、時間外・休日労働協定において次に掲げる時間を定めるに当たっては、労働時間の延長は原則として限度時間を超えないものとされていることに十分留意し、当該時間を限度時間にできる限り近づけるように努めなければならない。

　一　法第36条第5項に規定する1箇月について労働時間を延長して労働させ、及び休日において労働させることができる時間

　二　法第36条第5項に規定する1年について労働時間を延長して労働させることができる時間

3　労使当事者は、時間外・休日労働協定において限度時間を超えて労働時間を延長して労働させることができる時間に係る割増賃金の率を定めるに当たっては、

当該割増賃金の率を、法第 36 条第 1 項の規定により延長した労働時間の労働について法第 37 条第 1 項の政令で定める率を超える率とするように努めなければならない。

（1 箇月に満たない期間において労働する労働者についての延長時間の目安）

第 6 条　労使当事者は、期間の定めのある労働契約で労働する労働者その他の 1 箇月に満たない期間において労働する労働者について、時間外・休日労働協定において労働時間を延長して労働させることができる時間を定めるに当たっては、別表の上欄に掲げる期間の区分に応じ、それぞれ同表の下欄に掲げる目安時間を超えないものとするように努めなければならない。

（休日の労働を定めるに当たっての留意事項）

第 7 条　労使当事者は、時間外・休日労働協定において休日の労働を定めるに当たっては労働させることができる休日の日数をできる限り少なくし、及び休日に労働させる時間をできる限り短くするように努めなければならない。

（健康福祉確保措置）

第 8 条　労使当事者は、限度時間を超えて労働させる労働者に対する健康及び福祉を確保するための措置について、次に掲げるもののうちから協定することが望ましいことに留意しなければならない。

一　労働時間が一定時間を超えた労働者に医師による面接指導を実施すること。

二　法第 37 条第 4 項に規定する時刻の間において労働させる回数を 1 箇月について一定回数以内とすること。

三　終業から始業までに一定時間以上の継続した休息時間を確保すること。

四　労働者の勤務状況及びその健康状態に応じて、代償休日又は特別な休暇を付与すること。

五　労働者の勤務状況及びその健康状態に応じて、健康診断を実施すること。

六　年次有給休暇についてまとまった日数連続して取得することを含めてその取得を促進すること。

七　心とからだの健康問題についての相談窓口を設置すること。

八　労働者の勤務状況及びその健康状態に配慮し、必要な場合には適切な部署に配置転換をすること。

九　必要に応じて、産業医等による助言・指導を受け、又は労働者に産業医等に

よる保健指導を受けさせること。

（適用除外等）

第9条 法第36条第11項に規定する業務に係る時間外・休日労働協定については、第5条、第6条及び前条の規定は適用しない。

2　前項の時間外・休日労働協定をする労使当事者は、労働時間を延長して労働させることができる時間を定めるに当たっては、限度時間を勘案することが望ましいことに留意しなければならない。

3　第1項の時間外・休日労働協定をする労使当事者は、1箇月について45時間又は1年について360時間（法第32条の4第1項第2号の対象期間として3箇月を超える期間を定めて同条の規定により労働させる場合にあっては、1箇月について42時間又は1年について320時間）を超えて労働時間を延長して労働させることができることとする場合においては、当該時間外・休日労働協定において当該時間を超えて労働させる労働者に対する健康及び福祉を確保するための措置を定めるように努めなければならず、当該措置については、前条各号に掲げるもののうちから定めることが望ましいことに留意しなければならない。

　　　附　　則

1　この告示は、平成31年4月1日から適用する。

2　労働基準法第36条第1項の協定で定める労働時間の延長の限度等に関する基準（平成10年労働省告示第154号）は、廃止する。

3　法第139条第2項、第140条第2項、第141条第4項又は第142条の規定の適用を受ける時間外・休日労働協定に対する第9条の規定の適用については、平成36年3月31日までの間、同条第1項中「法第36条第11項に規定する業務に係る時間外・休日労働協定」とあるのは、「法第139条第2項、第140条第2項、第141条第4項及び第142条の規定の適用を受ける時間外・休日労働協定」とし、同条第3項の規定は適用しない。

別表（第6条関係）

期間	目安時間
1週間	15時間
2週間	27時間
4週間	43時間

備考　期間が次のいずれかに該当する場合は、目安時間は、当該期間の区分に
　　応じ、それぞれに定める時間（その時間に1時間未満の端数があるときは、
　　これを1時間に切り上げる。）とする。
1　1日を超え1週間未満の日数を単位とする期間　15時間に当該日数を7
　　で除して得た数を乗じて得た時間
2　1週間を超え2週間未満の日数を単位とする期間　27時間に当該日数を
　　14で除して得た数を乗じて得た時間
3　2週間を超え4週間未満の日数を単位とする期間　43時間に当該日数を
　　28で除して得た数を乗じて得た時間（その時間が27時間を下回るときは、
　　27時間）

参 考 文 献

- 水町勇一郎、森井博子、柊木野一紀、吉田肇、湊祐樹、田村裕一郎、神内伸浩『どうする？働き方改革法［労働時間・休日管理＆同一労働同一賃金］』日本法令、2019 年

- 小倉一哉、坂口尚文「日本の長時間労働・不払い労働時間に関する考察」労働政策研究・研修機構、2004 年 3 月

- 白石哲『労働関係訴訟の実務（第 2 版）』商事法務、2018 年

- 菅野和夫『労働法（第 11 版補正版）』弘文堂、2017 年

- 厚生労働省労働基準局『平成 22 年版 労働基準法』労働法コンメンタール③　労務行政、2011 年

- 労働調査会出版局『改訂 5 版 三六協定締結の手引』労働調査会、2012 年

- 篠原宏治「『36』協定の締結と運用の留意点」『ビジネスガイド』（2019 年 4 月号）日本法令、2019 年

- 中川恒彦「振替休日・代休の疑問に答える Q ＆ A 14」『労政時報』第 3656 号（05.6.24）労務行政、2005 年

- 中川恒彦「時間外協定の疑問解消・トラブル回避 Q ＆ A」『労政時報』第 3692 号（06.12.22）労務行政、2006 年

- 中川恒彦「事業場外みなし労働時間制をめぐる法律実務 Q ＆ A」『労政時報』第 3723 号（08.4.11）労務行政、2008 年

- 社会保険労務士法人みらいコンサルティング「36 協定」『労政時報』第 3894 号（15.9.11）労務行政、2015 年

- 小岩和男「総務担当者が知っておくべき労働基準監督署調査の実務対応」『月刊総務』（2018 年 5 月号）ウィズワークス、2018 年

- 大庭浩一郎「働き方改革法 政省令・告示を踏まえた企業実務 第 1 回 36 協定」『ビジネスガイド』（2018 年 11 月号）日本法令、2018 年

- 北岡大介「最近よく問題となる時間外労働・休日労働 Q ＆ A 24」『労政時報』第 3863 号（14.3.14）労務行政、2014 年

- 小山博章、古屋勇児「従業員代表（過半数代表）をめぐる問題点＆実務上のポイント」『ビジネスガイド』（2016 年 6 月号）日本法令、2016 年

- 森井博子「〈Q&A〉改正労働基準法の政省令等と実務対応」『労務事情』（2018 年 11 月 1 日号）産労総合研究所、2018 年

• 神内伸浩「〈Q&A〉定額残業代制度の設計・運用にかかわる実務」『労務事情』（2016
年 10 月 15 日号）産労総合研究所、2016 年

■著者紹介

神内 伸浩（かみうち のぶひろ）

弁護士（神内法律事務所）

1995年社会保険労務士資格取得。事業会社の人事部勤務を8年弱経て、2007年弁護士登録（第一東京弁護士会）。人事部勤務の経験も活かし会社側代理人として数多くの労働事件を手掛ける。労働問題をテーマとする講演、寄稿も多数。主な著書として、『管理職トラブル対策の実務と法【労働専門弁護士が教示する実践ノウハウ】』（共著、民事法研究会）、『65歳雇用時代の中・高年齢層処遇の実務』（共著、労務行政）、『どうする？働き方改革法［労働時間・休日管理＆同一労働同一賃金]』（共著、日本法令）、『課長は労働法をこう使え！──問題部下を管理し、理不尽な上司から身を守る60の事例と対応法』（単著、ダイヤモンド社）ほか。

カバー・本文デザイン／竹田壮一朗

印刷・製本／三美印刷株式会社

第2版
これ1冊でぜんぶわかる！
労働時間制度と36協定

2019年10月29日　初版発行
2021年 7月30日　第2版発行

著　者　神内伸浩
発行所　株式会社 **労務行政**
　　　　〒141-0031　東京都品川区西五反田3-6-21
　　　　　　　　　　住友不動産西五反田ビル3階
　　　　TEL：03-3491-1231
　　　　FAX：03-3491-1299
　　　　https://www.rosei.jp/

ISBN978-4-8452-1434-1